淘宝SEO
从入门到精通

尹高洁　编著

SEO

清华大学出版社
北　京

内 容 简 介

淘宝 SEO 是对淘宝或天猫店内商品的优化,通过优化提高转化率和知名度。本书的淘宝 SEO,不仅仅包含了淘宝内的一些规则技巧,还包括如何利用目前流行的博客和微信进行营销推广和转化。

本书分为 10 章,包含了 SEO 的基础、做 SEO 的必要性、SEO 与网店导流的关系、网上卖东西的技巧、淘宝 SEO 的基础、淘宝 SEO 的工具、淘宝商品的数据分析、淘宝的自然搜索、淘宝商品的口碑营销和淘宝 SEO 的一些小技巧。

本书适合所有的淘宝店主和做代运营的公司,是所有做网店的入门者的案头必备。

图书在版编目(CIP)数据

淘宝 SEO 从入门到精通 / 尹高洁编著. -- 北京 : 清华大学出版社,2016(2016.8重印)
ISBN 978-7-302-42433-8

Ⅰ. ①淘… Ⅱ. ①尹… Ⅲ. ①电子商务—商业经营—中国 Ⅳ. ①F724.6

中国版本图书馆 CIP 数据核字(2015)第 295086 号

责任编辑:张立红
封面设计:邱晓俐
版式设计:方加青
责任校对:李跃娜
责任印制:刘海龙

出版发行:清华大学出版社

　　　　　网　　　址:http://www.tup.com.cn,http://www.wqbook.com
　　　　　地　　　址:北京清华大学学研大厦 A 座　　　　　　邮　　编:100084
　　　　　社 总 机:010-62770175　　　　　　　　　　　　　邮　　购:010-62786544
　　　　　投稿与读者服务:010-62776969,c-service@tup.tsinghua.edu.cn
　　　　　质 量 反 馈:010-62772015,zhiliang@tup.tsinghua.edu.cn

印 装 者:北京亿浓世纪彩色印刷有限公司
经　　销:全国新华书店
开　　本:170mm×240mm　　　　　　印　　张:17.5　　　　　　字　　数:204 千字
版　　次:2016 年 1 月第 1 版　　　　　　　　　　　　　　　印　　次:2016 年 8 月第 2 次印刷
定　　价:49.00 元

产品编号:067409-01

这是我的第二本网络营销专著，绝大部分篇章内容都来自我在阿里巴巴上开通的个人博客（http://fengse58.me.1688.com/）。

从 2008 年 8 月，我开始从事 SEO 的研究、实战和培训工作。几年下来，我总结了一套适合网商的"SEO 独孤九剑"：阿里 SEO+ 独立网站 SEO+ 博客 SEO+ 论坛 SEO+B2B SEO+ 问答 SEO+ 文库 SEO+ 视频 SEO+ 微博 SEO。后来，我又深入研究淘宝 SEO。微信出来后我又研究微信 SEO。在中国网商 SEO 领域，我研究的 SEO 范围比较广泛，也是比较适合广大网商朋友的。

这本书专注于淘宝 SEO 的研究与实操。

我刚开始做 SEO 时，一个同事在我的建议下开了淘宝店，卖韩版女装。当时她对淘宝店的推广一窍不通，我手把手地教了她一个小时的 SEO，她很聪明，马上就明白了。运用我教给她的方法，在一年之内，她的淘宝店就冲上了皇冠。

淘宝店现在越来越难做了，这是众所周知的事实。微商逐渐代替了日益没落的淘宝网商，但是淘宝店还有没有机会呢？我个人认为，还是有机会的。机会在哪里？在于应用强大的免费网络推广手段。

很多淘宝店为什么越来越做不下去了？因为他们缺乏对免费的网络推广手段的学习和实践，总想快速见效，于是过分依赖广告的投放。随着广告推广费不断高涨，他们再也承受不起广告费的负担，纷纷关门大吉。

根据我的经验，免费的网络推广手段一点也不会比付费推广手段效果差，有时甚至还好得多。比如，我有个网友，在淘宝上开店卖家乡土特产，几年来一直坚持在阿里巴巴博客、论坛、商圈里发表原创文章。文章点击量很大，每天有一两千，从而给她的淘宝店带来很多的客户。她从来没有在淘宝上投入过一分钱的广告，但是现在做得特别好，家里买了新房子，经济收入稳定，家庭生活幸福。

我有很多的 SEO 学员，他们把大量关键词做到百度、360、搜狗等搜索引擎的前面，也做到淘宝搜索引擎的首页，每天给他们带来许多意向流量，让他们的销售业绩都得到大幅度提升。

通常大家所理解的"淘宝 SEO"，就是通过优化淘宝店铺内部结构和关键词，把关键词排到淘宝网站的搜索引擎的首页。

而我在这本书里提到的"淘宝 SEO"，其实是一个宽泛意义的 SEO。它不仅仅把淘宝店铺内的关键词排到淘宝网站的搜索引擎首页，更重要的是，通过在淘宝之外的第三方平台上（比如博客、论坛、微博、视频等社会化媒体）设置大量关键词，把关键词做到百度、360、搜狗等全网搜索引擎的前面，再通过淘宝店的网址链接，把流量从外部导入到淘宝店铺。这样双管齐下的 SEO 比单纯的淘宝店内部优化，效果好出很多。

不要把 SEO 作为淘宝店单一的推广手段。在社会化媒体如此发达的情况下，我们必须要通过综合的手段，配合 SEO 来推广淘宝店。所以，在这本书里，我用了很多篇章阐述博客、论坛、微博对于淘宝店推广的意义，并且给出了具体推广的操作思路和方法。

希望这本书，对于正在开或将来想开淘宝店的网商朋友有所帮助。

同时，我还想说明的是，这本书对那些在天猫、京东、阿里巴巴上开店，或者拥有自己独立网站的朋友，同样是有借鉴意义的。因为对于任何在网上做生意的人来说，SEO 推广的思路和原理都是一样的。

本书由尹高洁组织编写，同时参与编写的还有赵红梅、宜亮、张华、王冬姣、吕琨、李慧敏、黄维、金宝花、梁岳、张驰、孙景瑞、苗泽、李涛、刘帅、景建荣、胡雅楠、焦帅伟、李信、王宁、鲍洁、艾海波、张昆，在此一并表示感谢！

如果您有网络推广方面的疑问，可以联系和咨询我。我的微信号是：245450844。

尹高洁

2016 年 1 月写于深圳

((·第1章·))
SEO基本知识

(· 第2章 ·)
我们真的必须去做SEO吗

第3章
SEO与网店的导流

第4章
网上卖东西的技巧

((第5章))
淘宝SEO的基础

第6章

淘宝SEO的工具

第7章

通过数据分析来提前预热淘宝产品

第8章

淘宝的自然搜索

((· 第9章 ·))
维护好淘宝店的口碑

第10章
淘宝SEO的一些小技巧

第1章

SEO基本知识

当下社会，当我们不知道某路公交汽车怎么坐，不知道某个汉字怎么读，不知道某个电器如何使用时，我们最最常见的解决方案就是：上网搜搜。

对于网站来说，来自搜索引擎的用户流量非常大。搜索引擎主动寻找你的网址，而且目标很精准，这样一来可以大大地提高用户的转化率。所以利用好 SEO（搜索引擎优化），给我们带来的不仅仅是用户，更多的是效益。

本章主要了解
- SEO 的概念
- 淘宝 SEO 的优势
- 如何利用 SEO 为自己带来销量

| 1.1 | 什么是 SEO

SEO（Search Engine Optimization，即搜索引擎优化）是一种利用搜索引擎的排名规则来提高目标网站在自然搜索结果中收录数量和排名的优化行为。其目的是为了从搜索引擎中获得更多的免费流量，以及更好地展现形象。

简单地说，搜索引擎优化是通过提高自然搜索排名获得流量，而且可以提供给用户有价值的信息。SEO 分为站长能控制的网站内部优化，以及网站外部优化两个部分，这与搜索引擎营销有一定区别和联系。网上有很多关于 SEO 的介绍，大家可以百度搜索一下，如图 1.1 所示。

图 1.1　百度搜索 "SEO"

SEO 不只是一种网络营销的方法，而且表达了每个 SEO 从业者的态度。做 SEO 就像做人一样，要想成为一个有价值的人，就必须不断地充实自己的知识，为社会做出更多的贡献。只有这样，在社会中才会有更多的人需要你和支持你。这就是 SEO 的态度。网站就像是人，不断完善站内的东西，帮助了别人也成就了自己，也会有更多的网站链接指向你，在这样的良性循环中达到最优化的状态。所以说，做 SEO 就是做人。

做 SEO 也是一门艺术，懂欣赏的人就知道它的魅力。就像与搜索引擎谈一场恋爱，需要我们去了解搜索引擎的喜好，做搜索引擎喜欢的优化，而不去触碰搜索引擎的底线，否则就只能出局。因此，当我们真正运用好 SEO 技术，我们就能得到搜索引擎的巨大回报。

说 SEO 简单它也简单，很多人说就是外链和内容；说 SEO 复杂它很复杂，因为有太多的不确定性，你无法知道搜索引擎的具体算法，无法随时跟上搜索引擎的更新。这就是 SEO 的魅力，让人又爱又恨。SEO 技术是一个盘旋于边缘的技术，做得好能获得巨大利益，做过头了会跌落山崖。因此，我们需要清楚地了解 SEO 和搜索引擎的原理，这是学习 SEO 的根本和做好 SEO 的保证，也是贯穿于整个优化过程的基础。

很多人片面认为，搜索引擎优化就是钻搜索引擎的空子，其实正确的搜索引擎优化是有利于提高用户体验的，也就更能满足用户的需求。搜索引擎的服务对象是用户，不只是信息和需求的提供者，只有对用户更有价值的东西才是搜索引擎喜欢的，这也就要求我们做 SEO 的时候，不仅要考虑怎样迎合搜索引擎的口味，更要从根本上改善用户体验，提供更多有价值的东西。搜索引擎的发展告诉我们，对用户有用的信息更能获得搜索引擎的支持，这也要求我们从事 SEO 行业时，应该有一个正确的认识。

| 1.2 | SEO 的作用

对于所有的网站站长来说，SEO 技术的吸引力无疑是非常巨大的。因为相对于搜索引擎竞价排名，或者其他推广形式来说，SEO 有着极低的成本支出和丰厚的回报收益这两个优点。确实 SEO 技术给一些投资较少的网站带来了数倍甚至数十倍的利益，而这仅仅是 SEO 作用的其中一个表现。本节就将向大家介绍 SEO 的一些主要作用。

网站的目的是为了营利，使网站盈利的方法有很多，搜索引擎优化就是其中一种，这种方法成本低回报高。

对任何网站来说，无论网站的大小、种类如何，都可以利用 SEO 为网站营利提供帮助。尤其对于以流量为目标的网站，SEO 是网站发展的根本动力，是网站营利的保证。因为 SEO 的作用就是为网站带来搜索引擎流量，有了流量网站就会有很多营利的途径，比如网站广告位的销售、网站自身产品的销售、网站其他服务费等。SEO 可以为网站提供以下几方面的盈利保证：

（1）SEO 帮助网站发布广告营利。目前大多数网站的营利方式仍是网络广告，尤其以资源站、新闻站、下载站等类型网站为主，如资源站中的单机游戏站"乐游网"是典型的利用 SEO 获得流量，从而获得网络广告盈利的网站。如图 1.2 所示，这是"乐游网"的网络广告。

（2）SEO 帮助网站推销自身产品营利。大多数企业网站并不做广告，都是宣传自身公司形象，或者销售自己的产品。在互联网时代，做什么都不可能只有一家，因此在网络上的竞争也是非常巨大的。要想宣传公司、销售产品就必须让网站被更多的人看到，而 SEO 的作用就是这样。利用 SEO 能让更多人获得公司的销售信息，通常这些人都是通过搜索相关关键词进入，他们都是有潜在购买意图的用户，能提升网站的销售业绩。如图 1.3 所示为搜索某个产品关键词，出现的企业网站。

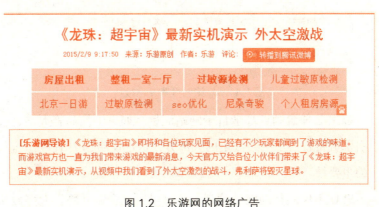

图 1.2　乐游网的网络广告

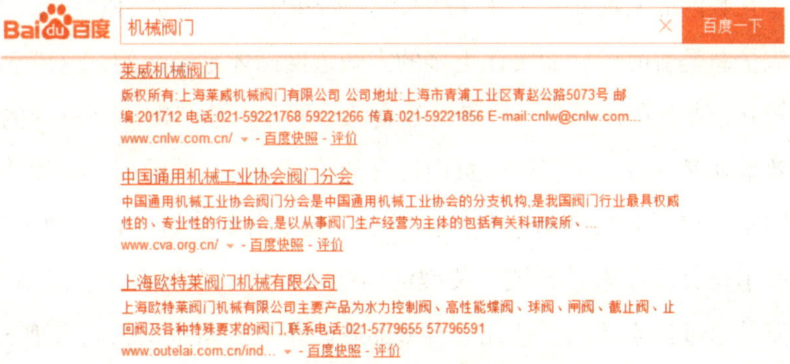

图 1.3　销售机械阀门的企业网站

（3）SEO 帮助网站获得其他服务盈利。有的网站采用为用户提高服务的方式营利，比如会员的特殊功能、用户的增值服务等，这类网站通常以论坛、博客网站为主。博客论坛通过对用户收费实现会员的增值服务和特殊功能，但是这有一个前提就是，必须是卖方市场——网站要有吸引用户的地方，用户在其他地方不能满足，因此有理由选择此网站进行付费。而 SEO 的作用就是将用户带入到这些网站中，增加网站的注册用户和付费用户。如图 1.4 所示为站长们都比较熟悉的 A5 论坛中需要付费发帖的板块。

 非常抱歉，该板块只允许a5会员发布信息。点这里 **购买会员权限** 与百万站长交流

[点击这里返回上一页]

图 1.4　A5 论坛付费发帖板块

以上三种盈利点都来自于网站流量。如果不是品牌大站，搜索引擎流量就占了网站流量的大部分，这也证明 SEO 在网站盈利中的重要性。

SEO 不仅能帮助网站营利，还可以树立企业品牌。大多数从事互联网的人都知道，SEO 能给网站带来流量。但是 SEO 带来的流量总是暂时的，而要让更多的人知道网站才是长久的，这就要树立企业品牌。品牌推广最受社会认可的方式是广告，而 SEO 的效果就是广告，是将网站页面提升到关键词排名的前列，从而让网站获得更多的展示机会，相当于在搜索引擎中做广告。图 1.5 所示是百度搜索"鞋城"关键词的结果，本来不知道这些网站，但是通过搜索认识了这几个鞋城品牌。企业网站也是相同道理。

利用 SEO 做广告推广企业品牌，必须遵循一定的规律，才能让用户在众多的网站中，记住自己的品牌。这种规律通常是用户体验优越、网站独特、品牌推广意识强等。

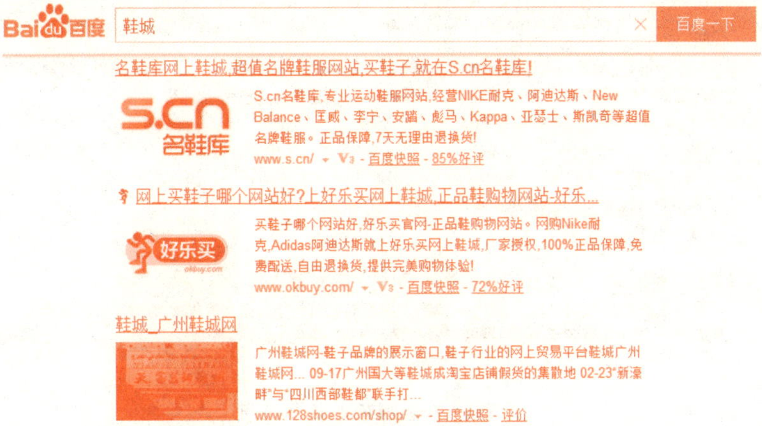

图 1.5　SEO 推广网站品牌

● 用户体验优越的网站能给用户带来惊喜，使其易于接受网站及品牌；

● 网站独特的功能也能给用户带来无法替代的用户感受，从而使用户对网站有更深的印象，难以舍弃这个网站，网站及品牌也就被用户所认知；

● 品牌推广意识强也能推广网站品牌，如在每个网页 Title 末尾加入品牌名、网站 Logo 有特点、站内很多部位有网站品牌、站外软文外链等，这些都是品牌推广意识强的表现，对网站的品牌树立有较大帮助。

互联网是个自由的地方，我们没法禁止别人发表自己的看法，所以网络上出现的公司信息就不一定全是正面的，有时候用户百度公司的产品或公司介绍时，就会有一些负面信息排在前面。如图 1.6 所示。

IDC 提供商"火网互联"在百度的前几页出现了很多负面信息，这对企业吸引新用户来说，是一个致命的打击。那我们该如何处理这些负面信息呢？让 SEO 来帮忙！

火网互联的美国空间怎么样 百度知道
7个回答 - 提问时间: 2012年04月23日
最佳答案: 火网互联是西南地区最好的空间商之一,他们的美国空间分很多个种类,你可以按照自己的意愿进行购买,如大家所知,现在的空间很多种类,但是适合自己网...
zhidao.baidu.com/question/4147196... 2012-4-24

火网互联 5个回答 2012-12-19
火网互联好不好? 5个回答 2012-12-15
火网互联美国空间怎么样,稳定吗 11个回答 2011-09-07
更多知道相关问题>>

火网互联怎么样?垃圾吗?是不是骗子? 火网互联评测
火网互联是骗子,还没付钱时,说的比唱都好听,我们的主机是什么什么的优秀,等付了钱刚使用主机就给封了,理由是有攻击(但是我租的是他们高防机器,并且他们承诺受...
www.hostpj.com/view-949...aspx 2012-12-27 - 百度快照

图 1.6　排名靠前的负面信息

　　SEO 将负面信息挤下排名的方法有很多，如提升正面新闻的排名、发布或购买高权重网站的软文。

- 提升正面新闻的排名：可以开记者会或者发布营销软文，提升正面新闻在百度上被搜索到的概率，正面新闻越多，权重越高，排名在前的概率也越大。

- 发布或购买高权重网站的软文：针对负面新闻关键词对软文进行相应关键词的优化，然后通过免费或付费的方式投放到高权重的网站。因为这些网站的百度权重比较高，所以在搜索时，这些正面信息会排在前面。

| 1.3 | 淘宝的基石是 SEO

　　淘宝最有效的流量来源是哪里？是淘宝内部的自然搜索流量。要想获得更多自然搜索流量，最好的途径就是使自己店铺内的宝贝关键词在淘宝搜索引擎里排名靠前。在淘宝内部的搜索引擎里关键词排名靠前有一个方法，被称之为"淘宝SEO"。因此，淘宝SEO是做好淘宝店铺的基础。

通常说网站流量是指网站的访问量，是用来描述访问一个网站的用户数量以及用户所浏览的页面数量等指标，常用的统计指标包括网站的独立用户数量（一般指IP）、总用户数量（含重复访问者）、页面浏览数量、每个用户的页面浏览数量、用户在网站的平均停留时间等。一个成功的淘宝店铺，自然搜索流量应占店铺总流量的40%以上，为什么？其一：淘宝搜索流量非常巨大，其二：淘宝搜索流量转化率最高。

淘宝搜索默认排序方式分为所有宝贝和人气宝贝，其中所有宝贝占90%的流量比重，人气宝贝占10%。所有宝贝排名会时刻变动，非常不稳定；人气宝贝排名则一般不会变动，非常稳定。所有宝贝排名可以短时间做上去，比较容易；而人气宝贝则需要长时间的销量累积，比较困难。

在淘宝SEO中标题是重中之重，只有把标题布局好了，才可能获得更好的排名。一个好的标题写法应该为"营销关键词＋主关键词＋黄金关键词"。宝贝标题可以写入64个字符，32个中文汉字，要充分利用好这32个汉字，在一个标题里至少包含10个以上的有效关键词。主关键词是搜索量巨大的关键词，黄金关键词是搜索量还可以，但竞争非常少的关键词。用记事本把关键词罗列出来，融合出一个标题。这些关键词都是搜索量大，并且和宝贝不冲突，把这些关键词全部融合到一个标题里面，比如"秒杀包邮！原创苹果iphone4 4s手机壳保护套iphone4外壳套壳子"刚好64个字符，32个汉字！注意加上营销关键词，标题要通顺。当你的一个关键词出现在所有宝贝排名首页时，其他关键词也差不多会出现在相近位置，这样我们就有了很多关键词入口。

上下架时间和橱窗推荐关系到宝贝是否能够出现在所有宝贝排名中的前几页。宝贝在做了橱窗推荐的前提下，离下架时间越近，排名就越靠前。所以，宝贝上下架时间非常关键。调整宝贝上下架时间，把宝贝上架时间调到流量高峰时段，这样当宝贝快要下架的时候，流量就会比其他时间高出很多。

为什么要消灭零销量宝贝？因为宝贝在零销量的情况下，很难出现在首页，大家可以随便搜索一个宝贝，排在所有宝贝首页的是从几百销量到几十销量，甚至个位数销量，但唯独零销量的没有。所以，对于宝贝数量不是太多的店铺，一定要消灭零销量宝贝。只有这样，你的宝贝出现在首页的机会才会更大。

| 1.4 | 服务器对 SEO 的影响

服务器对网站的 SEO 有着非常大的影响，所以，一定要慎重选择一个好的服务器虚拟空间提供商。绝大多数的中小企业都不可能、也没必要拥有自己的独立服务器。如果网站是由专业的网络公司或网络工作室来制作的，他们也会把服务器里的虚拟空间同时租给你。

如果一个潜在客户在百度上搜索到你的产品的关键词，他点击了你的网站，并想了解你的产品，但是你的网站打开速度却极慢。你认为，这个潜在客户还会有耐心等下去吗？5～10秒钟之后，他一定会离开。这样，你就失去了一个潜在客户，失去了一个可能的订单。长此以往，损失惨重。

网页打开速度慢有多种原因，而服务器不稳定是最主要的原因。搜索引擎的索引程序形象地被称为"搜索蜘蛛"，它每天都会对网站进行一次索引，如果正好碰上网站的服务器不稳定，搜索蜘蛛就无法进入网站，那么该网站上的关键词在搜索引擎上的排名就会下降。如果服务器长期不稳定，那就倒霉了，即使网站有最完美的 SEO，搜索蜘蛛也不会对其感兴趣，这类网站上的关键词将很难在搜索引擎的前列出现。如果服务器很稳定，网站虚拟空间也足够大，潜在客户点击一下，马上就能进入想浏览的网页，他就会仔细浏览该网站，并在网站上取得联系方式与你联系或者直接下单。所以，服务器的稳定与否直接关系到网站上关键词的排名和订单，一定要慎重选择服务器虚拟空间提供商。

还有服务器的地域问题，服务器的地域主要分为国内和国外。

如果一个网站是做外贸的，公司网站是英文网站，那么最好把网站托管在国外的服务器上。为什么要这样呢？因为如果网站托管在国内的服务器上，距离国外太远，国外的客户打开你的网站要花费的时间相对比较长，而客户的耐心是非常有限的，网页 5 ～ 10 秒打不开，客户就离开了，这对网站来说是一个损失。而该网站托管在国外的服务器上，距离国外很近，网页打开速度正常，那么国外的潜在客户很容易进入网站，就有可能询问并下单。

服务器的区域性还决定着排名的效果。假设你的英文网站做了很好的 SEO。那么，当你的网站托管在国外的服务器上时，你的产品关键词在国外被搜索的时候，在 Google 上的排名就会比较靠前，而在国内被搜索的时候，排名就比较靠后。同理，当你的网站托管在国内的服务器上时，你的产品关键词在国内被搜索的时候，在 Google 上的排名就会比较靠前，而在国外被搜索的时候，排名就比较靠后。所以，网站主要客户群体的地域位置决定

网站服务器的托管位置，一切都要以潜在客户所在地为导向。

那么，国外的服务器怎么去托管呢？通常来说，如果客户群体是外国人，要做英文网站，最好找专门的外贸网络公司来做，它们的服务器都是代理国外的空间提供商的。只不过，在价格上可能稍微贵点。如果是做中文网站，客户群体主要是中国人，服务器在国内任何城市都可以。

总之，服务器对于 SEO 的影响是很大的，很多人都忽略了这个细节。如果实在不相信网络公司，也可以自己到中国万网去购买服务器空间，万网的虚拟空间通常是很稳定的，大概 200 元可以买到 1G 的虚拟空间。至于网站的 SEO，可以选择市场上品牌好的优化公司。

| 1.5 | 选择一个好的域名

域名对于网站来说非常重要。选择域名要从两个方面考虑：一是简单好记，二是包含关键词。

先从简单好记方面来说，举个例子："www.hao123.com "和"www.celgenpharm.com" 两个域名，哪个最容易被记住？答案一定是前者好记。中国网民如今已经有 5 亿多，但是绝大多数都是"菜鸟"，并且英语水平普遍较低，如果要记住这种偏长的英文域名，那就太为难他们了。中国人从小就学习拼音，比较熟悉拼音，所以拼音域名比英文域名更受中国人欢迎，也就比英文域名更容易传播。

再举个例子，如果你的企业是做视频软件的，现在有两个域名供你选择，即"www.video-software.com"和"www.shipin123.com"，你选哪个？应该选择后者，因为它更容易被记住。同理，如果网站的客户主要是国外网民，那么就应该选择前者。域名越短越好，长度最好不要超过10个字符，这样才容易被记住。

再从包含关键词方面来说，很多人都已经认识到关键词在网站中的重要作用，但是绝大多数人恐怕只知道在Title标签、Meta标签以及网页内容里设置关键词，却不知道在域名里最好也设置关键词。由于搜索蜘蛛首先是通过域名进入网站，所以域名里的关键词非常重要。如果域名里设置了关键词，搜索蜘蛛第一时间就可以知道这个网站是做什么的。域名里包含关键词，对搜索蜘蛛非常友好。比如，你的企业是做印刷行业的，那么域名里最好包含"yinshua"这个拼音关键词。现在好的域名基本已被注册了，所以，在拼音关键词后加一些常见的数字即可，比如"yinshua123""yinshua520""yinshua888"……要查询这些域名有没有被注册，推荐使用中国万网，如图1.7所示，可以从中看出哪些已注册，哪些未注册。

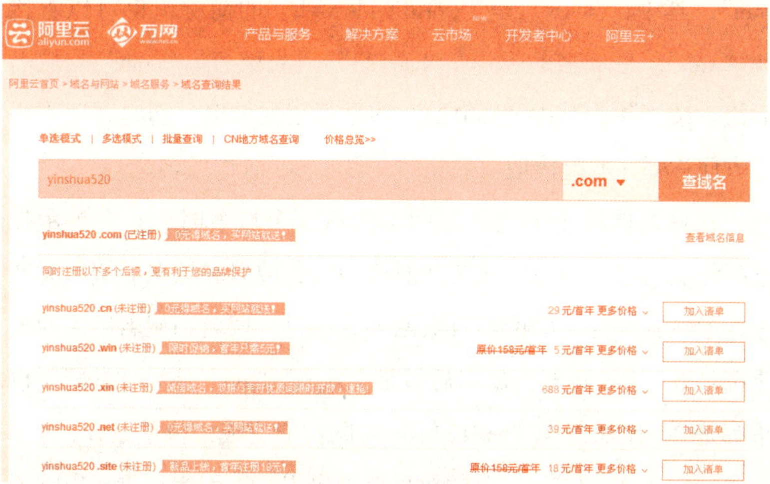

图1.7 中国万网

| 1.6 | 选择域名后缀

目前国内企业网站常用到的域名后缀是".com""cn""net"。".com"是国际最通用的域名后缀，".cn"是国内通用的域名后缀，".net"也是国际通用的域名后缀。

某些SEO教程里指出：带有非商业性的".net"有着比带有商业性的".com"具有更高的排名优势；对中文网站来说，表示中国域的".cn"比无地区性的".com"有一定优势。这个判断是不对的。对于搜索引擎来说，".com""cn""net"具有相同的权重。百度、谷歌不可能因为".net"带有非商业性、".cn"是中国域，就给予它们更高的权重。

讲到这里，借此向大家普及一些有关域名的基本常识。通常一个网站的首页网址是由三部分组成的。比如："www.hao123.com"，其中，"www"是"world wide web"的简称，也可以直接叫"web"，是域名的标识；"hao123"即为域名；".com"是域名后缀。请记住，其中"hao123"才是真正的域名。但是，通常为了方便称呼，就直接把"www.hao123.com"看作域名。

在域名网站上（比如万网）注册一个域名时，它会提示先选择域名后缀。当一个域名注册成功后，域名和域名后缀同时产生，形成独一无二的网站首页网址。这时，域名和域名后缀的权重都是0。无论选择的域名后缀是".com""cn"还是".net"，权重都是0。比如，当"hao123.com"刚注册完成，权重是0；过一段时间后，"hao123.com"的权重会慢慢提高。因为权重是影响关键词排名的主要因素，所以域名的权重越高，关键词就越有排名靠前的优势。这也是为什么有一定权重的域名在域名交易市场上很受欢迎。

记住一点：域名注册并使用的时间越长，权重越高。注意这里说的是"使用"，也就是说，一个域名正式成为网站的首页网址，如果它仅仅是被注册过，而从未被使用，那么它的权重基本为0。因此，从SEO的角度来说，域名后缀无论是选择".com"".cn"还是".net"都没有多大区别。但是，选择域名后缀也要从人们的使用习惯来考虑。国内的企业网站绝大多数都选用".com"，而普通网民也更加习惯使用".com"，所以在选择域名后缀的时候，尽可能地选用".com"作为域名后缀。

如果某个你看好的"域名+.com"已经被人抢注，那么你可以考虑选择其他域名后缀。比如，你是做不锈钢的，你非常喜欢"buxiugang"这个域名，但是"buxiugang.com"这个域名已经被人抢注了，你可以考虑使用"buxiugang.cn""buxiugang.net""buxiugang.com.cn""buxiugang.cc"或者"buxiugang.net.cn"。如果你的企业是做不锈钢的，现在有2个域名供你选择："bxg888.com"和"buxiugang.cn"，建议使用"buxiugang.cn"。因为按照人们的思维习惯，可能不知道"bxg888"的含义，但是却能明白"buxiugang"的意思。

所以，选择域名后缀，要从用户体验的角度来考虑，这个非常重要。

| 1.7 | 让你的网页静下来

做 SEO，一定要了解搜索蜘蛛的喜好。它喜欢什么，你就要严格按照它的喜好来做什么。

搜索蜘蛛很喜欢静态页面。看到静态页面，搜索蜘蛛就会很高兴地马上把它抓走。这就表示，静态页面上的关键词很容易在搜索引擎上获得好的排名。通常网站上大多是动态页面，搜索蜘蛛不大喜欢它们。

怎么来识别什么是动态页面，什么是静态页面呢？举例说明，下面是一些网站内页的 URL（网址）：

http://www.city0773.com/JobClass.asp

http://www.phpforce.cn/bbs/index.php

http://product.dangdang.com/Product.aspx?product_id=20250868

http://www.amazon.cn/mn/detailApp?ref=BR&uid=168–6709250–7143461&prodid=riit937308

以上以 ".asp" ".php" 为扩展名，或者有 "?" "=" "%"，以及 "&" "$" "id" 等混乱字符的网页，都是动态页面。

http://news.163.com/08/0908/01/4L9IINNA0001124J.html

http://baike.baidu.com/view/177797.htm

http://sports.sina.com.cn/k/2008–09–08/18053931058.shtml

以上以 ".html" ".htm" ".shtml" 为扩展名的网页，都是静态页面。

所以，在对网站进行优化的时候，只要把 ".asp" ".

php""?""=""%"，以及"&""$""id"都转化成".html"".htm"".shtml"即可。

在技术优化时，请使用 DIV+CSS 来重新设计网站，它可以使网页变成静态的。（DIV+CSS 是网站标准中常用的术语，它是一种网页的布局方法。）

说明：判断一个网站有没有做过 SEO，可以看网站内页的 URL（网址）是否为静态。

1.8 URL（网址）的设置

统一资源定位符 URL 是对可以从互联网上得到的资源的位置和访问方法的一种简洁的表示，是互联网上标准资源的地址。互联网上的每个文件都有一个唯一的 URL，它包含的信息指出文件的位置以及浏览器应该怎么处理它。它最初是由蒂姆·伯纳斯·李发明用来作为万维网的地址。

URL（网址）应该是静态的，也就是说，URL 必须以".html"或".htm"或".shtml"为扩展名。这个上一节已经说过了，这里不再重复。这里再解释一下什么是扩展名：

http://news.163.com/08/0908/01/4L9IINNA0001124J.html

http://baike.baidu.com/view/177797.htm

http://sports.sina.com.cn/k/2008-09-08/18053931058.shtml

http://www.city0773.com/JobClass.asp

http://www.phpforce.cn/bbs/index.php

".html"".htm"".shtml"".asp"".php"这些都是扩展名。

设计 URL（网址）一定要按照 URL 权重的高低顺序来做。以新浪网为例：

（1）"www.sina.com.cn"这是新浪的首页网址，搜索蜘蛛首先进入该网址，所以它也是权重最高的网址。（通常像"www.sina.com.cn"这样顶级域名下的网页，都是一个网站的首页。）

（2）"news.sina.com.cn/"这是新浪新闻频道的网址，搜索蜘蛛通过首页网址然后才进入这个新闻频道网址，所以它是权重排第二的网址。（通常像"news.sina.com.cn/"这样二级域名下的网页，都是站内小网站的首页。）

（3）"news.sina.com.cn/china/"这是新浪新闻频道底下的中国频道网址，搜索蜘蛛通过新闻频道的网址又进入这个中国频道网址，所以它是权重排第三的网址。（通常像"news.sina.com.cn/china/"这样目录下的网页，都是顶级栏目的首页。）

（4）"news.sina.com.cn/china/sz/"这是新浪中国频道底下的时政要闻频道网址，搜索蜘蛛通过中国频道的网址又进入这个时政要闻频道网址，所以它是权重排第四的网址。（通常像"news.sina.com.cn/china/sz/"这样目录下的网页，都是二级栏目的首页。）

（5）"news.sina.com.cn/c/2008-09-15/143516293764.shtml"这是最底层的内页网址，权重排第五，但还不是最低的，因为这是一个静态的网址。（通常像"news.sina.com.cn/c/2008-09-15/143516293764.shtml"这样的网址网页，都是一个普通内页。）

（6）"bbs.news.sina.com.cn /tableforum /App /view.php?bbsid=69&subid=0 &fid=42681&tbid=3025"这才是权重最低的动态的网址。

由此，可以得出一个结论：

- "www.sina.com.cn" 权重最高，最容易获得好的排名；

- "news.sina.com.cn/" 比 " www.sina.com.cn/news" 权重高，更容易获得好的排名；

- "www.sina.com.cn/news" 比 " www.sina.com.cn/news.html" 权重高，更容易获得好的排名；

- "www.sina.com.cn/news.html" 比 " www.sina.com.cn/news.asp?a=123" 权重高，更容易获得好的排名。

URL（网址）的目录结构应该清晰简短，举个例子："http://www.dilingling.com/corp/show_company/mid_50388/keyid_252886/sid_5697/index.html"，在这个 URL（网址）里，"dilingling" 是域名，"www.dilingling.com/" 是网站首页的网址，"corp" 是一级目录名，即第一层子目录；"show_company" 是二级目录名，即第二层子目录；"mid_50388" 是三级目录名，即是第三层子目录；"keyid_252886" 是四级目录名，即第四层子目录；"sid_5697" 是五级目录名，即第五层子目录。

通常，搜索蜘蛛只抓到第三层子目录，很少抓取其后面的子目录。所以一定要注意简化子目录，最多做到第三层即可。比如："http://www.hnyxkj.cn/newEbiz1/ EbizPortalFG/portal/html/page1.html" 这个 URL（网址）有四层，但第四层很难被搜索蜘蛛抓取。因此，URL（网址）的子目录越简短越好。

"http://www.lajitong123.com" 这个网站，是个普通的小企业网站，但是它的 URL（网址）设计得非常好，无论哪个页面，都没有子目录，都是这种形式："http://www.lajitong123.com/snbxgyxljt.htm"，只保留文件名和扩展名（文件名就是 "snbxgyxljt"，扩展名就是 ".htm"），这样的设计对搜索蜘蛛是非常友好的，排名很容易靠前。

如果网站的子目录超过了三层，第四层网页要想被搜索蜘蛛抓取，通常有两个办法：

（1）在网站的首页上对该网页进行链接；

（2）在别的网站的首页或二级页面上对该网页进行链接。

有些人会问，文件名是否该包含关键词呢？这里举例说明。

例1：在"www.sina.com.cn/news.html"中，"news"是文件名。

例2：在"news.sina.com.cn/c/2008–09–15/143516293764.shtml"中，"143516293764"是文件名。

注意：扩展名前面那个英文单词或数字，就是文件名。根据关键词无所不在的原则，文件名最好也包含关键词，比如例1中的"news"就是一个关键词；当然也可以不包含关键词，比如例2中的"143516293764"，就是系统自动生成的数字，不包含关键词。

| 1.9 | title 标签和 meta 标签的设置

Title 即为标题，meta 包括 keywords（关键词）和 description（描述）。title 标签和 meta 标签的设置在 SEO 中占据着非常重要的位置，好的关键词排名网站，一般是这个网页或网站的 title 标签和 meta 标签中包含着搜索关键词，希望大家一定要重视。

以我给客户做的一个网站"http://www.zstm-zs.com/"为例。在网站首页上，单击鼠标右键，点击"查看源文件"，可以看到以下内容：

<title>深圳包装设计公司、广州化妆品策划设计公司、VI 设计公司，画册摄影设计公司、品牌营销策划设计公司、深圳包

装设计 </title>

　　<meta name="description" content="【智盛品牌策划设计公司】深圳广州 10 年资深策划团队，专注于化妆品／食品／餐饮／服装的品牌策划设计、包装设计等综合性专业策划设计服务！Tel:0755-26445355 手机 18948321383 林经理 地址：深圳市南山区前海路丽湾大厦 A 座北区 1911 室 广州公司办公地址：广州市天河区中山大道西 238 号勤天大厦 1608 室 " />

　　<meta name="keywords" content="深圳包装设计公司、广州化妆品策划设计公司、VI 设计公司，画册摄影设计公司、品牌营销策划设计公司、深圳包装设计 " />

　　其中，title（标题）是最重要的，也是权重最高的。大家可以看到，"深圳包装设计公司、广州化妆品策划设计公司、VI 设计公司，画册摄影设计公司、品牌营销策划设计公司、深圳包装设计"这一行字出现在网站的最顶端，搜索蜘蛛首先抓取的就是这个 title（标题）。所以，title（标题）的设计是最重要的，它直接关系到该网页在搜索引擎中的排名。

　　网页的 title（标题）里必须要包含关键词，并且关键词一般设置 3～5 个，不要超过 5 个。很多人觉得自己的产品多，于是在 title（标题）里拼命堆积关键词，恨不得把所有的关键词都放上去，这并没有多大效果，还有可能被百度、Google 等认为是作弊，从而被百度、Google 等搜索引擎"K 掉"。

　　对于 keywords（关键词）标签，大家可以参照上面"http://www.zstm-zs.com/"在源文件里的设计，设置多个关键词。源文件里的关键词，与通常所说的设置关键词不同，通常所说的设置关键词是指 title 里的关键词。

　　description（描述），顾名思义，即是对网页的描述，是一段话。上面"http://www.zstm-zs.com/"首页的描述是："【智盛品牌策划设计公司】深圳广州10年资深策划团队，专注于化妆品／食品／餐饮／服装的品牌策划设计、包装设计等综合性专业策划设计服务！Tel:0755-26445355 手机18948321383 林经理 地址：深圳市南山区前海路丽湾大厦A座北区1911室 广州公司办公地址：广州市天河区中山大道西238号勤天大厦1608室。"这段话对"智盛是做什么的"作了简要概述。当搜索蜘蛛抓取这些文字时，它就能知道智盛是做什么的了。

中国大型网站的SEO里做得最好的是新浪，对于源文件里的title（标题）、keywords（关键词）和description（描述）的设置最简单。比如随机打开一个新浪网页："http://ent.sina.com.cn/s/m/2008-09-08/04552160106.shtml"，如图1.8所示。

图1.8　新浪网页

单击鼠标右键，点击"查看源文件"菜单，可以看到以下内容：

<title>央视秋晚进入倒计时 演员阵容未完全确定 _ 影音娱乐 _ 新浪网 </title>

<meta name="Keywords" content=" 央视秋晚进入倒计时 演员阵容未完全确定 ">

<meta name="Description" content=" 央视秋晚进入倒计时 演员阵容未完全确定 ">

从中大家可以清楚地看到，无论是 title（标题）标签还是 keywords（关键词）标签和 description（描述）标签，都是"央视秋晚进入倒计时 演员阵容未完全确定"。这是最高明的设置，里面全部包含了央视、秋晚、倒计时这样的关键词。

中小企业网站可以直接模仿新浪的源文件设计方式。比如，我给一个客户的网站"http://www.midaoshijie.com/"设计了以下的源文件：

<title>办公家具 / 天津办公家具 / 天津办公家具批发 / 天津办公家具公司 – 天津市世纪京洲办公家具公司 </title>

<meta name="description" content=" 办公家具 / 天津办公家具 / 天津办公家具批发 / 天津办公家具公司 – 天津市世纪京洲办公家具公司 " />

<meta name="keywords" content=" 办公家具 / 天津办公家具 / 天津办公家具批发 / 天津办公家具公司 – 天津市世纪京洲办公家具公司 " />

事实证明，这种设计对于关键词在百度上的排名，效果是非常好的。

| 1.10 | 关键词的密度分布

一个网站如果要做好 SEO，需要把握好网站里面的关键词分布密度。通常来说，关键词分布密度控制在 1% ～ 7% 或者 2% ～ 8% 之间比较好。为什么要控制好关键词分布密度呢？

谈到这个问题，首先要了解搜索引擎是如何工作的。搜索引擎有一个索引程序，被形象地称为"搜索蜘蛛"，简称"蜘蛛"，如同屋檐下的蜘蛛和蜘蛛网。（阅读下面的文字时，请在脑海里，交替想象真实的蜘蛛网和网页，因为我会不断重复它们的概念，这样你会更容易理解。）

蜘蛛通常会顺着链接（网丝）去抓取一个网页（蜘蛛网）以及关键词，这里把网页里的关键词比作"小虫子"。蜘蛛喜欢吃小虫子，当蜘蛛在网页上爬过，碰到一个关键词（小虫子），就会很高兴地抓取（吃掉）。蜘蛛觅食，也会遵循一个普遍的道理：中庸适度。关键词（小虫子）太少，蜘蛛会不重视这个网页；关键词（小虫子）太多，蜘蛛会厌烦。想象一下，在蜘蛛网上，如果小虫子这里一只、那里一只，蜘蛛会觉得更有乐趣。同理，在一个网页上，如果关键词这里一个、那里一个地分散开来，搜索蜘蛛将会很喜欢抓取这些关键词。

因此，网页上的关键词分布密度最好做到匀称适度，并非越多越好，当然也不是越少越好。这要求大家在做 SEO 时，把握关键词在网页里的分布密度。在此提供一个关键词密度查询地址"http://tool.chinaz.com/Tools/Density.aspx"，如图 1.9 所示。

图 1.9　关键词密度查询网页

　　进入这个关键词密度查询网页后，按照要求分别在对应位置输入要查询的关键词以及网站域名，点击"查询"按钮即可查到关键词的分布密度，这可以为网页上的关键词布局提供很好的参考。

| 1.11 | 做好超链接

　　超链接是指从一个网页指向一个目标的连接关系，这个目标可以是另一个网页，也可以是相同网页上的不同位置，还可以是一个图片，一个电子邮件地址，一个文件，甚至是一个应用程序。当浏览者单击已经链接的文字或图片后，链接目标将显示在浏览器上，并且根据目标的类型来打开或运行。超级链接在本质上属于网页的一部分，它是一种允许我们同其他网页或站点之间进行连接的元素。各个网页链接在一起后，才能真正构成一个网站。大家一定要重视超链接，超链接在 SEO 中占据着极为重要的地位，甚至有人说：超链接就是一切！

超链接包括 4 个方面：友情链接、导出链接、导入链接和内部链接。下面向大家介绍如何做这些链接。

（1）友情链接，是指两个不同的网站之间的相互链接。

在友情链接里，最好包含关键词。尤其是在最末一个友情链接里包含关键词，是对搜索蜘蛛友好的表现，如图 1.10 所示，新浪网首页（www.sina.com.cn）底部的友情链接，其中一个指向"中国互联网协会"，"中国互联网协会"也有一个链接指向"新浪网"首页。

图 1.10　友情链接

（2）导出链接，是指在自己的网站上链接了别人的网站。

比如一个网站需要在网页的适当位置加上别的网站链接。这些链接最好是与你自己的网站内容相关或相近的。如图 1.11 所示，新浪新闻频道（news.sina.com.cn）的友情链接都是新闻网站。

图 1.11　导出链接

（3）导入链接，也叫外部链接或是反向链接，是指别人的网站链接了自己的网站。下面介绍 10 种做反向链接的方法。

● 方法 1：将网站提交到 DMOZ 目录、yahoo 目录、ODP 目录等专业目录网站。

● 方法 2：在交换链接的 BBS 上发布友情链接交换信息。

● 方法 3：与行业协会或商业机构联系，这些非营利性的网站的链接权重一般比较高，所以与这些网站进行链接交换是一种非常好的手段。

● 方法 4：寻找竞争对手网站的反向链接，主动与这些网站进行链接交换，想超越竞争对手，最好的办法就是竞争对手有的反向链接你有，竞争对手没有的反向链接你也有。

● 方法 5：发布新闻稿，在新闻稿中合理的加上超链接，当该新闻被众多网站转载后，可以帮助你的网站增加很多的反向链接。

● 方法 6：在论坛签名中加上超链接。经常在论坛上发帖子，充分利用资源。

● 方法 7：创建 blog，丰富 blog 的内容在 blog 中合理地加上网站的超链接。

● 方法 8：用搜索引擎搜索"提交网站""add url"等相关关键词。在搜索到的网页中，可以增加你网站的反向链接。

● 方法 9：给自己网站增加自助链接申请功能，吸引其他网站主动与你链接。

● 方法 10：购买反向链接，很多站长拥有非常多的资源，你可以向他们购买反向链接。

知道了如何增加反向链接，同时也要注意一些问题：增加反向链接要循序渐进，不要短时间内增加得太多；增加反向链接要重质量，不要单纯追求数量。

如果一个新的网站请求别人的网站，尤其是 PR 值（网页级别）比较高的网站来链接你，可能不大现实。这里教大家一个好方法：注册 15 个国内最知名的博客，这些博客的 PR 值一般都很高，再在博客上链接你的网站即可。推荐国内最知名的 15 个博客站点：

新浪博客 http://blog.sina.com.cn/

搜狐博客 http://blog.sohu.com/

网易博客 http://blog.163.com/

企博博客 http://www.bokee.net/

天涯博客 http://blog.tianya.cn/

阿里巴巴博客 http://club.1688.com/zhuanlan.html

和讯博客 http://blog.hexun.com/

博客网 http://www.bokee.com/

博客大巴 http://www.blogbus.com/

中华网博客：http://blog.china.com/

凤凰博客 http://blog.ifeng.com/

博客日报 http://www.bokerb.com

千龙博客 http://blog.qianlong.com/

中广博客 http://www.cnr.cn/blog/

红豆博客 http://blog.gxnews.com.cn/

（4）内部链接，是指网站的内部网页与网页之间的相互链接。

比如我的博客其中一个内页"http://club.1688.com/article/5021232.html"，在文章的后面可以看到以下链接，如图 1.12 所示，这些文章的标题直接链接到博客内部其他文章。

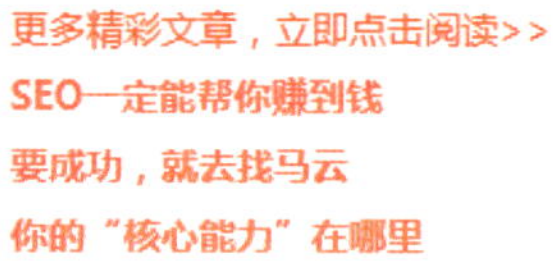

> 更多精彩文章，立即点击阅读>>
> SEO一定能帮你赚到钱
> 要成功，就去找马云
> 你的"核心能力"在哪里

图 1.12　博客的内部链接

再来看新浪网中的一个内页"http://sports.sina.com.cn/g/2008-09-19/ 10513960246.shtml"，标题是"杰拉德盛赞利物浦脱胎换骨 红军绝对主力却发走人言论"，文章底部链接如图 1.13 所示。

网页内部链接方式，一是有利于用户方便地了解相关信息，二是使搜索蜘蛛知道这些被链接的网页非常重要，从而引起搜索蜘蛛的重视，它们在搜索引擎里的排名也会靠前。

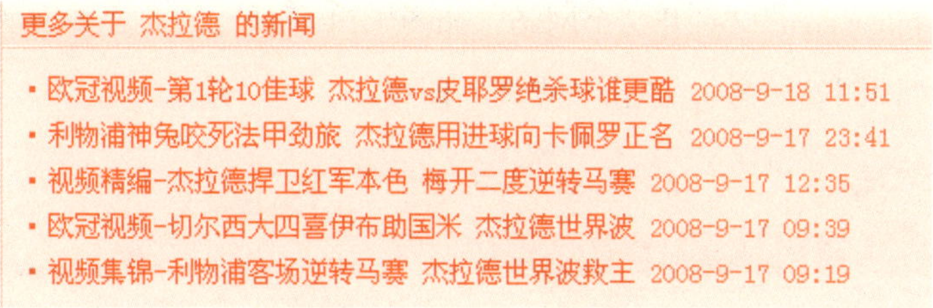

更多关于 杰拉德 的新闻

- 欧冠视频-第1轮10佳球 杰拉德vs皮耶罗绝杀球谁更酷 2008-9-18 11:51
- 利物浦神兔咬死法甲劲旅 杰拉德用进球向卡佩罗正名 2008-9-17 23:41
- 视频精编-杰拉德捍卫红军本色 梅开二度逆转马赛 2008-9-17 12:35
- 欧冠视频-切尔西大四喜伊布助国米 杰拉德世界波 2008-9-17 09:39
- 视频集锦-利物浦客场逆转马赛 杰拉德世界波救主 2008-9-17 09:19

图 1.13　新浪网内部链接

|1.12| 查询网站的 PR 值和权重

PR 值是 SEO 里面一个重要的概念，是用来表现网页等级的一个标准，级别从 0 到 10，是 Google 用于评测网页"重要性"的一种方法。刚建立的新网站 PR 值为 0，一般的企业网站 PR 值能达到 2 就不错了。理论上，一个网站的 PR 值越高，它的关键词在百度、Google 上的排名越靠前。

在 SEO 里面，还有一个重要的概念，叫作"权重"。权重也是衡量网站重要性的一个标准。理论上，一个网站的权重越高，它的关键词在百度、Google 上的排名就会越靠前。

通常为了方便理解，可以把 PR 值看成是权重，或者说 PR 值≈权重（"≈"表示约等于）。一个网站 PR 值越高，相当于权重越高。因为权重是影响网站关键词在百度、谷歌排名的重要因素，所以，做 SEO 需要千方百计地提高网站的权重，也就是提高网站的 PR 值。至于如何提高网站权重，有很多方法，本节暂不探讨这个话题，后文会讲到。

目前有很多工具可以查询网站的 PR 值。推荐使用 "http://pr.chinaz.com"，打开这个网站，如图 1.14 所示，输入要查询的网址（即网站域名），点击"查询"即可。

图 1.14　PR 值的查询

查询网站的权重也有很多工具。推荐使用 "http://mytool.chinaz.com/baidusort.aspx"，打开这个网站，如图 1.15 所示，输入要查询的网址（即网站域名），点击"查询"按钮即可。

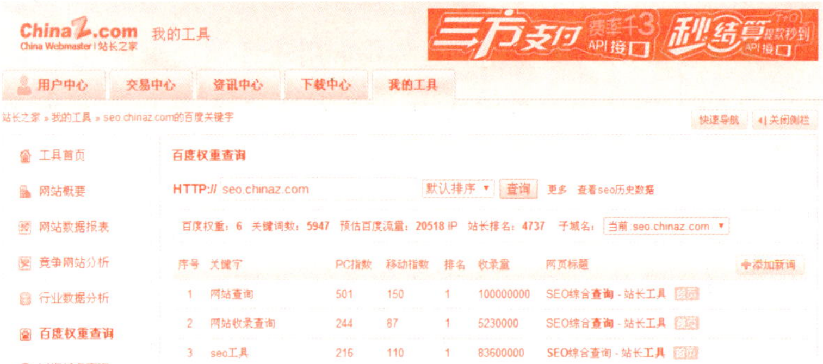

图 1.15　权重的查询

| 1.13 | 查询关键词的日搜索量

百度指数是以百度海量网民行为数据为基础的数据分享平台，是当前互联网乃至整个数据时代最重要的统计分析平台之一，自发布之日便成为众多企业营销决策的重要依据。百度指数能够告诉用户：某个关键词在百度的搜索规模有多大，一段时间内的涨跌态势以及相关的新闻舆论变化，关注这些词的网民是什么样的、分布在哪里，同时还搜了哪些相关的词，帮助用户优化数字营销活动方案。百度指数是用来查询关键词搜索量的一个重要工具，网址是："http://index.baidu.com/"。

通常来说，能通过百度指数查询到任何行业核心关键词的搜索量。因为任何行业的核心关键词，都有人在百度上进行搜索。在此举例说明百度指数的使用方法，百度指数的使用步骤如图1.16所示。使用百度指数时要注意两种符号：

（1）逗号用于关键词比较检索：在多个关键词当中，用逗号将不同的关键词隔开，可以实现关键词数据的比较查询，并且，曲线图上会用不同颜色的曲线加以区分。例如，您可以检索"计算机，互联网，百度，百度指数，百度新闻"。目前，百度指数最多支持5个关键词的比较检索。

（2）加号用于关键词数据累加检索：在多个关键词当中，利用加号将不同的关键词相连接，可以实现不同关键词数据相加，相加后的汇总数据作为一个组合关键词展现出来。例如，您可以检索"百度+百度搜索+Baidu"。利用这个功能，您可以将若干同义词的数据相加。目前，百度指数最多支持 3 个关键词的累加检索。

在图 1.17 中，鼠标箭头放在蓝色的曲线上移动，可以在曲线图上发现一个个不断变动的数字，这些数字就是"不锈钢"的日搜索量。通过数据图分析"不锈钢"这个产品关键词在最近一个月的时间段内日搜索量为 1300～2500，也就是说，每天有 1300～2500 个人在搜索"不锈钢"这个产品关键词。现在你可以尝试在"http://index.baidu.com/"里输入自己的产品关键词，查看日搜索量。

图 1.16　百度指数的使用步骤

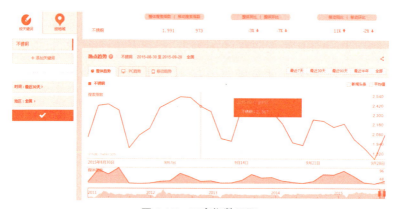

图 1.17　百度指数界面

查询产品关键词日搜索量的意义在于可以清楚知道每天有多少人通过百度在搜索该关键词，由此判断从百度上可能会给网站带来的潜在客户数量。

像"不锈钢"，这是一个市场需求很大的产品，所以每天有 1300～2500 人次在搜索。而有很多市场需求很小的产品，每天搜索人次可能在 100 以下，甚至有一些产品关键词，在百度指数里根本没有任何数据显示。比如，"捆绑带"这个产品关键词，在百度指数里搜索时没有任何结果显示，如图 1.18 所示。这并不表示"捆绑带"这个产品关键词没有人在百度搜索，而是日搜索量极低，百度指数不予显示搜索数据。

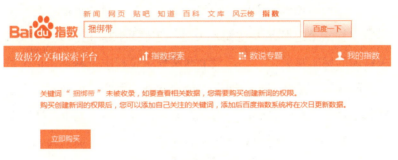

图 1.18 百度指数搜索"捆绑带"

对于日搜索量大的产品关键词，通常做 SEO 需要好几个月，甚至一年左右的时间才能将这个关键词优化到百度首页。对此，可以通过设计大量的长尾关键词（后文会具体讲解）来解决。比如有个朋友按照我所讲的设计了 5000 多个长尾关键词，公司销售业绩获得了极大提升。

对于日搜索量小的产品关键词，通常更容易做 SEO，解决手段是"双管齐下"。就是说，尽量在较短时间内把核心关键词优化到百度首页，也要设计大量长尾关键词，让核心关键词和长尾关键词都能尽快带来询盘和订单。

| 1.14 | 判断关键词的优化难度

关键词不是仅限于单个的词，还应包括词组和短语。在搜索引擎中检索信息都是通过输入关键词来实现的。正如其名所示，关键词的确非常关键。它是整个网站登录过程中最基本，也是最重要的一步，是我们进行网页优化的基础，因此怎么强调其重要性都不过分。然而关键词的确定并非一件轻而易举的事，要考虑诸多因素，比如关键词必须与你的网站内容有关，词语间如何组合排列，是否符合搜索工具的要求，尽量避免采用热门关键词等。所以说选择正确的关键词绝对是需要下一番功夫的。

那么，如何才能找到最适合你的关键词呢？首先，要仔细揣摩你的潜在客户的心理，绞尽脑汁设想他们在查询与你有关的信息时最可能使用的关键词，并一一将这些词记录下来。不必担心列出的关键词会太多，相反你找到的关键词越多，用户覆盖面也越大，也就越有可能从中选出最佳的关键词。

我们经常听到这样的事例：一家公司的网站在搜索引擎上排在了前20名，业务量随之猛增到原来的10倍。而另一家公司排名同样也在前20位，可业务量前后却一点没变化。是什么造成了如此大的差异？原因很简单，就是前一家公司选择了正确的关键词，而后者在这方面则犯了致命的错误。这一事例说明，正确选择关键词对企业网站营销的成败是何等重要。

网页优化只是做好了登录搜索引擎的前期准备工作，最终我们要将优化好的网站提交搜索引擎，这也是网站注册中非常重要的一环。

传统观念上的所谓"关键词"指的是核心关键词。比如：不锈钢、电脑、皮包、服装、奶粉……这些简单的两三个字的词语，就是核心关键词。

对于很多企业来说，他们希望 SEO 优化公司能把这些核心关键词优化到百度首页。一般情况下，核心关键词的搜索量都比较大，所以，企业网站上的核心关键词如果被优化到了百度首页，那自然能带来可观的意向流量。但是，众所周知，核心关键词越热门，优化的难度越大。那么，如何判断一个核心关键词的热度呢？

以"不锈钢"这个核心关键词为例，打开百度（www.baidu.com），输入"不锈钢"进行搜索。然后在页面的上部，可以发现一行浅色的字体，如图 1.19 所示，"百度为您找到相关结果约 18,200,000 个"（2015 年 9 月 29 日数据）。

图 1.19　百度搜索"不锈钢"

通常来说，搜索结果 30 万以下的关键词，都是偏冷门关键词；搜索结果 100 万以上的关键词，是偏热门关键词了；搜索结果如果到了 1000 万，就是超级热门的关键词；而这个"不锈钢"，搜索结果超过了 1000 万，也就是说，百度抓取了 1000 多万有关"不锈钢"的页面，"不锈钢"这个核心关键词优化的难度十分巨大。

对于这类超级热门的核心关键词，要做好一年之内不大可能优化到百度首页的心理准备。郑重地告诫大家：不要相信任何 SEO 优化公司把热门的核心关键词在规定时间内优化到百度首页的保证。但是对于冷门的长尾关键词，SEO 优化公司可以承诺在规定时间内优化到百度首页。

因此，可以得出一个结论：越是热门的关键词，优化到百度首页的难度越大；反之，越是冷门的关键词，优化到百度首页的难度越小。在百度输入产品的核心关键词，查一下该关键词的热度是多少，就可以大致判断这个核心关键词被优化到百度首页的难度有多大了。

通过百度关键词的搜索热度数据，还可以来判断产品在整个国内市场上的供应情况，搜索的数据越大，说明同行越多，市场竞争也就越大。如果只做本地市场，比如印刷行业，受地域影响比较大。如果是在深圳从事印刷行业，可以百度搜索"深圳印刷"，通过搜索数据就可以判断当地的供应市场有多大，从而做到心中有数。

第2章

我们真的必须去做SEO吗

前面把 SEO 说得那么厉害，我们真的需要做 SEO 吗，不做行不行？做了是否适合我们的产品？

本章主要了解

- 我的产品是否适合 SEO
- SEO 和 SEM 分别是什么
- SEO 优化的一些目的
- 如何利用 SEO 提高业绩

| 2.1 | 是不是任何行业、产品都适合做SEO

总会有人问这样一个问题："我是做 XX 行业（XX 产品）的，这适合做 SEO 吗？"

对此，我的答案一律是："SEO 适合任何行业、任何产品。"其原因很简单：任何行业、任何产品，都有人在搜索引擎上搜索查询。

利用百度指数查询工具"http://index.baidu.com/"来查询关键词在百度上的搜索量。打开这个工具，如图 2.1 所示，在搜索框中输入要查询的核心关键词，一般都能查询到相应行业、产品的日搜索量。有人搜索，就说明有客户想购买，这是毫无疑问的。

图 2.1　百度指数

当然，也有些非常冷门的关键词，比如"捆绑带"，无法在这个工具里查询到相关数据，但这并不表示没有人在百度上搜索"捆绑带"，只是搜索的人太少，百度指数没有显示而已。

根据人们的搜索习惯，通常只会在搜索引擎的前三页进行搜索。所以，如果你网站上的关键词能够进入搜索引擎前三页的位置，被客户搜索到的概率自然就会大大提高；相反，如果你网站上的关键词在搜索引擎三页之后，被客户搜索到的概率就会很低。

SEO就是一种把关键词优化到搜索引擎前三页的技术，或者称为策略。SEO带来的是精准的意向客户，这已经成为目前网络营销里首屈一指的最重要的方法。

对于中小企业来说，不可能像大型企业那样到处做付费广告，SEO就成为免费的网络推广中最有效的方法和途径。不管你从事的是什么行业，经营的是什么产品，只要想在网络上接到大量的订单，SEO都是你无法绕开的一个网络推广主题，它会像魔法石一样，牢牢地吸引你去学习它、研究它。它充满了无限的诱惑力，因为SEO与赚钱是紧密联系的，没有谁不想赚钱。所以，没有哪个做网络营销的不渴望掌握SEO。

SEO是个叫人又爱又恨的家伙。爱它，是因为它的确能给你带来很多订单，帮你赚到很多钱；恨它，是因为如果自学的话，它会让你付出漫长的时间。大多数人选择了自学，因为他们没有把时间成本计算进去；少数人选择了参加付费的培训，因为他们意识到，时间成本比资金成本高得太多。

SEO总是不断创新的，绝不是像一些人说的那样只有几招，任何一种单独的SEO带来的流量都很有限。要做就做规模化的SEO，只有规模化的SEO才能带来规模化的流量和询盘，这样的SEO才能把效果成倍地放大。本书在国内首次总结出"SEO独孤九剑"（阿里SEO，独立网站SEO，博客SEO，论坛SEO，B2B SEO，问答SEO，文库SEO，视频SEO，微博SEO）的概念，并为此建立了完整的理论体系和培训体系。"SEO独孤九剑"会让国内从事不同行业、经营不同产品的中小企业迎来网络营销上的大跨越。

对于SEO的研究，笔者将一如既往地保持着热情。当很多人坚持的时候，我在坚持；当很多人放弃的时候，我依然会坚持。所以，从本书中学到的最重要的东西不是SEO，而是这样坚持做SEO。

| 2.2 | 对产品不熟悉，并不妨碍做好 SEO

有人想问："我刚刚进入这个新行业，对产品也不熟悉，那能做好SEO吗？"SEO跟产品有关系，但又没多大关系。为什么这样说呢？

一个产品，是以关键词的形式出现的，比如经营冷水机这个产品，"冷水机"就是一个关键词，而关键词要出现在搜索引擎的首页，必须经过SEO优化。从这个意义上来说，SEO建立在特定产品的基础上，它与产品之间有着紧密的关系。但是，SEO跟特定的产品其实又是没什么关系的，它能否做好与是否熟悉自己的产品关系并不大。无论经营何种产品，你只要掌握SEO的思维、策略、方法和技巧，都能把这些产品关键词做到搜索引擎的前面。这好比学习数学公式，只要掌握公式，不管什么题目，你都能套用公式做出解答。

所以，不要因为对产品不熟悉，就对SEO产生畏惧感，SEO欢迎一切对产品熟悉和不熟悉的人去研究它。当然，你对产品熟悉之后，SEO会做得更出色。因为对产品的熟悉，这会在一定程度上帮助自己设计包含关键词的产品标题，而好的标题可以大大提升客户的点击率。

| 2.3 | 为什么说很多 SEO 理论不实用

笔者从 2007 年学习 SEO 以来，读过很多专家写过的 SEO 教程和文章，结合自己的不断实践和总结，研究发现很多 SEO 理论仅仅只是理论，没有太多实用性，很多都是纸上谈兵。很多研究 SEO 的人，假模假样地也写上几篇 SEO 文章冒充专家，但是自己并不去真正思考和实践，文章直接照搬前辈专家教程里现成的知识点。

笔者写 SEO 文章之前，事先都经过实践操作，并融入自己的一些想法。可能新的想法不多，但这些 SEO 经验，一定是经过实战检测过的。对于 SEO，实战性才是最重要的。

为什么说很多 SEO 理论不实用呢？其实，SEO 理论大多也是经过实践总结出来的。如果一种 SEO 理论不能让大多数学习 SEO 的人简单上手，那么就不具备普遍推广的价值，这就表示它实战性不强。

举个典型的例子——做外链。所谓"外链为皇"，充分说明外链在 SEO 里的重要性。很多前辈专家总结出了几十条做外链的方法，但是仔细研究并实践后会发现其中大多数做外链的方法都只是停留在理论上，并不适合大多数人操作。在此，对以下几种外链方法做出点评：

（1）外链方法之一：到交换链接的 BBS 发布友情链接交换信息。

点评：当发布友情链接交换信息之后，主动来与你做友情链接的人非常少。所以，不具备实战操作性。

（2）外链方法之二：与行业协会或商业机构联系。

点评：这些非营利性网站的链接权重一般都比较高，所以与这些网站进行链接交换也是非常好的一种手段。但是你认为这些网站会跟一个不知名的、权重低的小企业网站做友情链接吗？想都别想！所以，这个完全是空想主义理论，更加不具备实战操作性。

（3）外链方法之三：给自己的网站增加自助链接申请功能，吸引其他网站主动与你链接。

点评：你认为在自己的企业网站上做自主链接功能，就能吸引其他网站主动与你链接吗？你是新浪，还是阿里巴巴呢？如果你是非知名的小企业网站，别人会主动跟你链接吗？所以，这还是空想！完全不具备任何实战操作性。

以上列举的三种做外链的方法，在很多 SEO 教程和文章里都可以看到，也为很多人所转载传播。但是实践证明，这些都是空想的理论，基本上不适合大多数学习 SEO 的人，都不具备实战操作性。其他还有很多 SEO 知识点都仅仅停留在空洞的理论上，没有任何实战操作性。所以，凡是像以上这些被我证明没有实战性的 SEO 知识点，本书一律不讲，那些东西只会浪费大家的时间。

有的朋友还会陷入这样一个误区：SEO 学得越全越好，恨不能掌握 SEO 每个知识点。在此郑重告诫大家：不要浪费宝贵的时间学那么多东西，SEO 学得越多，头脑会越胀，最后成为一团浆糊，绕不出来。大家掌握简单的几个要素和思维方式即可。对于学习 SEO 来说，简单和实用才是王道。

| 2.4 | 所谓的 SEO 证书，都是浮云

在很多行业领域，证书是敲门砖，但在 SEO 方面，所谓的 SEO 证书都是浮云。据了解，目前并没有国家认证的、专门颁发 SEO 证书的机构部门。但是你可以看到一些网络培训机构用颁发 SEO 证书作为卖点来招生，这样的证书是不会被承认的，是公司私自颁发的，相当于一个结业证。有人想参加我的 SEO 培训，问我："老师，你会不会给我们颁发 SEO 结业证书？"我明确答复："没有这个东西。"

在参加 SEO 培训之前，你要弄清楚一个问题：你来学习 SEO 的目的是什么？很简单，你的目的就是用 SEO 的方法提高销售业绩，从而赚到更多的钱。你的目的不应该是为了拿到一纸所谓的 SEO 证书，然后向人炫耀。

即便拿到所谓的 SEO 证书，其实也说明不了什么问题。因为学习 SEO 是一个系统的过程，在课堂上掌握的只是一套营销思维，但是对于 SEO 来说，更重要的是在系统学习完以后，按照课堂上所讲授的方法亲自操作。否则，就等于没学。

学习 SEO 一定要看到显著的效果，而衡量效果的标准是：询盘有没有增多？订单有没有增多？钱有没有赚得更多？其他所谓的 SEO 证书，都是浮云。学习 SEO，一定要脚踏实地，学以致用。

| 2.5 | 学 SEO，没必要懂得怎么做网站

很多人都有这样一个误解：学习 SEO，就必须要先学会制作网站。

这里有两类群体，向大家分别说明一下：一类是网站站长，这类人通常是技术派人士，本身懂得网站制作，他们学习 SEO 是为了优化自己的网站，对于他们来说，这是驾轻就熟的事；另外一类是销售员，这类人群对网站制作这种技术可以说一窍不通，并且时刻为月度业绩压力所困，没有那么多时间去学习复杂的网站制作技术。

很多人把网站站长和销售员两种身份混淆了，导致很多销售员误以为学 SEO，就要像网站站长那样，首先懂得网站制作。对于销售员来说，公司的网站不由他们控制，而是由老板控制的，所以销售员没有权利进入网站后台对网站进行修改优化，但这并不影响销售员学习 SEO。

除了公司官方网站这个平台，还有很多第三方平台可以进行 SEO 优化操作，比如博客（新浪博客、阿里博客）、B2B 平台（阿里旺铺、慧聪旺铺）、C2C 平台（淘宝旺铺、拍拍旺铺）等。这些第三方平台，只要注册后，销售员就可以对其进行 SEO 优化操作，简单方便。

学会网站制作这门技术是一个比较漫长的过程。有些计算机专业的朋友，大学毕业后，连基本的编程都没学会，更加谈不上网站制作。对于销售员来说，更没必要把精力放在制作网站这种耗时耗力的事情上。销售员的任务是尽快做出业绩，因为老板的眼睛每天都在盯着你有没有做出业绩来，所以销售员一定要选择最简单、最容易操作的推广技巧去获得客户的订单。这就是我绕开独立网站，只针对各大博客、B2B 平台、阿里旺铺、淘宝店铺等第三方平台对学员们做 SEO 培训的原因，本书将使得各位销售员朋友容易上手，更快做出业绩。

| 2.6 | 学 SEO 不是学技术，而是学营销思维

很多学习 SEO 的人都陷入了一种误区：把 SEO 当成一种跟网站制作和代码编程紧密相关的技术活。有人宣称：如果不懂得网站制作和代码编程，就别妄谈 SEO。甚至还有人说，最高深的 SEO，一定要懂网站制作和系统编程。

作为一个从 2007 年就开始研究 SEO 的人，笔者想告诉所有打算学习 SEO 的新人以及 SEO 技术派人士：从网络营销的角度来说，SEO 跟网站制作和系统编程这些技术基本没有什么关系，更多的只是一些简单的手工操作，通常会打字聊天就能掌握 SEO 的操作方法。说到底，SEO 只不过是一种营销思维。做任何事都有一个思维区域，你所要做的是，打开原有的固定思维，走向一个新的思维。只有思维解放了，做事才有事半功倍的效果。

在 SEO 里，包含了很多简单的营销思维。这些营销思维，离你很近，跟你只隔着一扇窗。在窗子里你会茫然四顾，当你打开窗，就会呼吸到新鲜的空气。这就是为什么很多人一旦听到某个

新颖的观点，立刻醍醐灌顶、恍然大悟，觉得找到出路了，这表示思维打开了。

笔者自创了一个"关键词心理学"概念，这个概念强调设置关键词的两个基本原则：第一，设置的关键词必须包含客户的购买心理；第二，设置的关键词一定要符合自己的经营范围。很多人完全没有正确设置关键词的意识，结果选了一些无用的关键词，自然不会有效。关键词的设置只要遵循"关键词心理学"，就变成一件非常简单的事情，任何人都可以轻松设置大量对于自己的销售有用的关键词，从而带来源源不断的询盘和订单。

笔者总结出很多 SEO 思维，是在其他 SEO 教材和培训机构里从未听说过的。只有新的思维方式，才能帮助大家用最短的时间掌握最简单、最实用的 SEO。再次强调，SEO 仅仅是一种简单的营销思维，而不是其他。

| 2.7 | 外链对于博客的 SEO 起多大的作用

外链就是指从别的网站导入到自己网站的链接。导入链接对于网站优化来说是非常重要的一个过程。导入链接的质量（即导入链接所在页面的权重）直接决定了我们的网站在搜索引擎中的权重。外链是互联网的血液，是链接的一种。没有链接的话，信息就是孤立的，结果就是我们什么都看不到。在一个网站内部，许多网页需要互相串联在一起，组成一个完整的信息站点。这是因为一个网页是根本不能承载所有信息的，所以需要分成一个主页和各个分页；另一方面，一个网站是很难做到面面俱到的，因此需要链接到别的网站，将其他网站所能补充的信息吸收过来。发外链不在于数量，而是在于发出去外链的质量。外链的效果不只是为了网站 SEO 提高网站的权重，也不仅是为了提高某个关键词的排名，一个高质量的外部链接是可以给网站带来很好的流量。

首先声明：本书中的博客指的是第三方博客（比如阿里博客、新浪博客、百度空间等），而不是独立博客（所谓独立博客，是拥有独立域名的博客型网站）。

如果你对 SEO 稍微有点了解，就应该知道一个很有名的说法：外链为皇。这说明外链在 SEO 中占极其重要的地位。要想使得网站上的关键词在百度、谷歌上有不错的排名，做大量且高质量的外链，是一个重要且必要的手段。

独立网站与博客的 SEO 策略是有很大区别的。对于独立网站的 SEO，需要做大量高质量的外链，而对于博客的 SEO，是否仍然必须注重对外链的添加呢？有一个经典的案例可以说明给博客做外链的超级效果：一个做音乐网站的个人站长，注册了 500 个第三方博客，然后把这 500 个博客相互外链，通过"老鼠爱大米""两只蝴蝶"这两首当年流行的歌曲名称占领了百度、谷歌前十页，最后把所有从百度、谷歌带来的流量，全部从博客导入自己的音乐网站。这样一个技巧让他的音乐网站每天都能得到几十万的流量，从而使得他每个月的收入都是几万元。但是现在这种技巧已经过时了，笔者通过长时间测试发现如今外链对于博客的 SEO 起到的作用越来越小。

对于博客 SEO 来说，第一，需要长期坚持更新原创内容；第二，必须做好其他细节的操作，SEO 永远是细节取胜。

| 2.8 | SEO 优化，原创文章真的那么重要吗

有一句话被 SEO 从业者们奉为圭臬：内容为王，外链为皇。这里的内容，指的是原创内容。很长一段时间以来，笔者几乎毫无条件地认同这一观点。但是，经过大量的实战检测发现其中有经不起推敲的地方。外链为皇，笔者没有异议。内容为王，大致上正确，但是需要视情况而定。

经常有人诉苦：他在博客上发表了一篇原创文章，第二天去百度上一查，发现别人转载了他的文章，这倒没什么，可是转载的文章排在前面，自己的文章反而排在后面。这是很常见的现象。按照"内容为王"的理论来说，原创文章的首发网站，理应排在第一位；其他转载这篇文章的网站，理应排在后面。诚然，文章在百度的排名也受到网站权重的影响，权重高的网站上的文章，通常排名更靠前。但是，事实上，在权重相同的情况下，百度偏偏经常把转载文章的那个网站排前面，把原创文章首发的那个网站排后面。

只能说百度在排名上很有漏洞，而谷歌在这点上就公正多了。在谷歌上，通常原创文章首发的网站绝大情况都是排前面的。但是，谷歌在中国的市场份额一降再降，最近更是被搜狗超过，已经越来越不受中国网民的重视。所以，搜索推广终究还是要靠百度。

正因为百度对原创文章有一定程度的轻视，对转载文章的纵容，导致许多人走捷径，大量转载或者做伪原创。所谓伪原创就是把一篇文章进行再加工，让搜索引擎认为是一篇原创文章，从而提高网站权重。伪原创是 SEO 里一个无法回避的概念。笔者在做 SEO 培训时也鼓励不擅长写原创文章的朋友可以多做伪原创，因为伪原创在关键词排名中起到的作用，一点不比原创差。如果实在连伪原创也懒得做的学员，也只好默许他转载了。这就是百度的漏洞。做 SEO 不能完全按照书本上死板的规矩来做。有时候，只要能做到好的排名，只要不是非常过分的作弊，都是允许的。

再说企业网站。99% 的企业网站都是有几个、十几个页面，并且内容不多，对于是否原创，笔者认为并不重要。企业网站上的关键词排名，除了网站本身静态化的技术基础，做好网站结构和内容布局外，最重要的就是外链。

综上所述，外链为皇，没有异议。而原创内容为王，在实战中就经不起推敲了。奉劝想学 SEO 的朋友：SEO 排名，在理论上是一回事，在实战中又是另外一回事。最好找有丰富实战经验的人好好讨教，而不是去网上下载免费的 SEO 教材，这些教材上的东西很多都是过时的、没用的。

当然，并不完全否定原创内容。事实上，笔者在各大平台（包括各大博客、B2B 平台、信息分类平台、百度频道）做关键词的时候，99% 用自己的原创文章，因为作为一名 SEO 优化师和SEO 培训师，不管现实怎样，都必须要坚持一种"原创精神"。

如果仅仅从影响排名的因素来看"内容为王"，那原创文章的确不是想象中那么重要。但是，内容为王还包含着一层更深刻的意思，那就是对用户的吸引力。即使一个网站被百度无情地屏蔽掉，如果这个网站大多数内容是原创的，那么，它对于用户的吸引力仍是巨大的，这个网站的真正价值也正在于此。

只有真正的价值，才能在营销的世界里实现订单的转化率。要想提高转化率，网站必须拥有一定数量的原创文章。所以，原创文章永远是很重要的。

| 2.9 | 如何区分 SEO 和 SEM

很多人分不清 SEO 和 SEM 的区别，在此向大家解释一下。SEO，英文全称是 Search Engine Optimization，中文意思是"搜索引擎优化"；SEM，英文全称是 Search Engine Marketing，中文意思是"搜索引擎营销"。

关于 SEO，有更准确的定义。SEO 是指在了解搜索引擎自然排名机制的基础上，对网站进行内部及外部的调整优化，改进网站在搜索引擎中关键词的自然排名，获得更多的展现量，吸引更多目标客户点击访问网站，从而达到网络营销及品牌建设的目标。搜索引擎检索原则是不断更改的，检索原则的更改会直接导致网站关键字在搜索引擎上排名的变化，所以搜索引擎优化并非一劳永逸。在意识层面，站长对 SEO 可以形象理解为：当用户进入搜索引擎，就好像进入了一个偌大的图书馆。那么在这个图书馆里面有非常多的分类，分成大分类（可以理解为书架）、小分类（可以理解为书架上面的格子）以及具体到很小的分类（书的内容）——长尾关键词。

搜索引擎营销的基本思想是让用户发现信息，并通过（搜索引擎）搜索点击进入网站／网页进一步了解他所需要的信息。一般认为搜索引擎优化设计主要目标有2个层次：被搜索引擎收录、在搜索结果中排名靠前。简单来说，SEM 所做的就是以最小的投入在搜索引擎中获最大的访问量并产生商业价值。多数网络营销人员和专业服务商对搜索引擎的目标设定也基本处于这个水平。但从实际情况来看，仅仅做到被搜索引擎收录并且在搜索结果中排名靠前还很不够，因为取得这样的效果并不一定能增加用户的点击率，更不能保证将访问者转化为顾客或者潜在顾客，只能说这是搜索引擎营销策略中两个最基本的目标。SEM 的方法包括搜索引擎优化（SEO）、付费排名以及付费收录。

SEO 现在已经不仅仅是一种网站优化的技术，而演化成一种网络营销方式，所以有"SEO 营销"一说。例如，我是 SEO 培训师，严格来说应该是 SEO 营销培训师，就是教网商们如何通过把产品关键词在各大搜索引擎里免费获得好的排名，然后获得有效询盘和订单。

SEM 是"搜索引擎营销"，是包含了 SEO 的。也就是说，SEO 是属于 SEM 的范畴的。但是，现在行内人士通常把 SEO 和 SEM 分开看待，SEM 等同于竞价排名。比如百度的主要业务就是竞价排名，只要付费就可以把关键词立刻做到百度首页前几名。

总体来说，SEO 是一种免费的网络营销方法，而 SEM 是一种付费的网络营销手段。

如果你是公司普通的销售人员，或者是个人创业者，或者是没有太多成本预算的小微企业，那么，SEO 更加适合你。通过 SEO 的方法，把产品关键词做到各大搜索引擎的前页，是不需要付费给任何人的。SEM 通常最适合有比较大的成本预算的大中型企业。但是 SEM 的缺点是成本太高，尤其对于没有掌握 SEM 技巧的人来说，花钱与烧纸一样，很让人心疼。

SEO 和 SEM 都是针对搜索引擎的一种精准的网络营销，是关键词营销。但是目前的 SEO 和 SEM 都没有解决一个最重要的问题：成交率。你的产品关键词排名靠前，有人点击了，难道就万事大吉？这还差得远，必须要想办法提高成交率。比如在 100 个点击里，你可以得到几个成交的单子？通常来说，对于 99% 以上的菜鸟网商来说，成交率连千分之一都达不到。所以，可以明白很多商家为做百度付费竞价排名的每天烧几千几万的广告费，但询盘却少之又少。也可以明白为什么有的人 SEO 做得很好，好几个关键词都排在百度首页，但仍然没有几个人来询盘。根本原因是网站缺少对成交率的优化。

综上所述，无论做 SEO 还是做 SEM，都要考虑下一步更重要的事情：优化成交率。而本书 "SEO 独孤九剑" 培训课程，将很好地解决成交率优化的问题。

| 2.10 | 如何区分 "网站排名" 和 "关键词排名"

"网站排名" 与 "关键词排名" 是两个完全不同的概念，但偏偏有很多人不清楚，把二者混为一谈。对于任何一家网站来说，要想在网站推广中取得成功，搜索引擎优化都是至为关键的一项任务。同时，随着搜索引擎不断变换它们的排名算法规则，每次算法的改变都会让一些排名很好的网站一夜之间名落孙山，而失去排名的直接后果就是失去了网站固有的可观访问量。所以每次搜索引擎算法的改变都会在网站之中引起不小的波动和焦虑。可以说，搜索引擎优化是一个复杂的任务。关键词排名是一种在搜索引擎搜索结果中以字、词、词组的相关性体现网页排名的方式，可以分为关键词自然排名以及各搜索引擎提供的关键词竞价排名服务两种。利用长期总结出的搜索引擎收录和排名规则，关键词自然排名一般是搜索引擎对所有相关网页抓取结果自动分析、自动排名的表现，一般可以通过 SEO 优化技术来达到关键词排名提升。关键词竞价排名服务是由搜索引擎提供的一种有偿排名服务，例如百度的"竞价排名"就是其中的一种。

在讲怎么区分这两个概念之前先给大家讲个故事。2007 年，我刚刚接触 SEO 时做一个网站，想请 SEO 优化公司帮我把关键词优化到百度第一页。于是，我找到了一家网络工作室，咨询做网站 SEO 的事。他说他们做 SEO 很厉害，我问做了什么成功案例，能否给我看看？那人发了个网站给我看，是个行业门户网站——XX 旅游网。在网站首页的 Title（标题）上，只写了"XX 旅游网"几个字，并没有其他的相关关键词。我问："这个网站哪个关键词在百度排名第一页？"他说："就是'XX 旅游网'啊。"我说："这'XX 旅游网'只是网站的名称，不属于关键词吧？"他辩驳说："不是关键词是什么呢？"我那时虽然刚刚接触 SEO，但对什么是关键词，还是很清楚的。

现在向大家讲解怎么区分"网站排名"跟"关键词排名"这两个概念。

前面说的"XX 旅游网"其实是网站的名称，正如你的企业网站的名称叫"深圳市 XXX 有限公司"。当你在百度里输入"深圳市 XXX 有限公司"时，由于你的公司名称是独一无二的，你的网站肯定是排在第一个的。但是这毫无意义，因为你是中小企业，全中国没几个人知道你的网站名称，所以别人根本不大可能来搜索你的网站。

中国大多数的企业网站，都是网站名称的排名。举个例子，大家打开这个网站：www.hzhtys.com，可以看到这个网站的名称是"海天印刷有限公司"。百度输入"海天印刷有限公司"，这个网站排名在百度第一页第一个，但这毫无意义，因为人们不知道这家公司。这就是所谓的"网站排名"或"网站名称排名"。而前面故事中那家网络工作室说他们把"XX 旅游网"做到百度第一页第一个，这仅仅是网站名称排名，不是关键词排名。中国90% 的企业网站都是属于"网站名称排名"，但从百度里是很难带来流量的。

真正的 SEO，应该是关键词排名。比如你的企业是做印刷的，你可以在网站上设置"彩页印刷""礼品盒印刷"等类似的关键词。

举个例子，大家打开这个网站：www.guanghuashufa.com。这个网站的 Title（标题）设置了好几个关键词：瓦当全年红纸、瓦当对联红纸、全年红春联纸、手写春联对联。百度搜索这些关键词基本都排在百度第一页，这才叫"关键词排名"。

当你找网络公司给你做网站的时候，如果你的网站首页 Title（标题）上仅仅有一个公司名称，是完全没用的，必须在 Title（标题）里设置关键词。所以，请谨记：SEO 一定要做关键词排名，而不是网站排名（网站名称排名）。

| 2.11 | "如果每个人都做 SEO，那谁的网站关键词排前面？"是个伪命题

经常有网友在我的博客里留言问："如果每个人都做 SEO，那么谁的网站关键词排在前面？"这种担忧完全没有必要，该问题完全是个伪命题，不能成立。

因为不同的行业、不同的产品有不同的关键词。比如，张三是做雕刻机，李四是做打印机，王五是做蒸汽机。这三种机械是属于完全不同的关键词，所以它们之间完全没有任何竞争关系。张三的关键词"雕刻机"、李四的关键词"打印机"、王五的关键词"蒸汽机"都可以通过 SEO 排到百度的第一页。这里并不存在"如果每个人都做 SEO，那谁的网站关键词排在前面？"的问题，大家做的行业和产品是不同的，关键词也就不同。

当然，你现在或许会更深入这个问题："如果同行业的每个人都做 SEO，那么谁的网站关键词排在前面？"这个问题比前面的问题更好，但还是一个伪命题。

（1）虽然 SEO 现在已经很热门，但并非人尽皆知，在每个行业里了解过 SEO 的人非常少，应该说每个行业里做 SEO 的企业连 1% 都不到。所以，不可能出现同行业的每个人都做 SEO 这个问题。

（2）在每个行业里，了解 SEO 的企业都不到 1%，真正操作 SEO 的企业就更加少了，大概不到 0.1%。因为很多企业听说过 SEO，但并不会去做 SEO。

（3）在每个行业里，操作 SEO 的人不到 0.1%，而真正能把 SEO 做好的大概连 0.01% 都不到。

综上所述，在任何一个行业里，真正掌握 SEO 并能把 SEO 做好的人，从概率上来说少得可怜。所以，听说过 SEO，并不等于知道 SEO；知道 SEO，并不等于掌握 SEO；掌握 SEO，并不等于精通 SEO。只有做到精通 SEO，网站关键词排名才会有效果。而绝大多数人连 SEO 听都没听说过，根本不存在"如果每个人都做 SEO"的问题。

当然，你现在或许会第三次更深入细化这个问题："因为百度第一页只有 10 个位置，如果我们同行业里 10 家企业来做 SEO，那么谁的网站关键词会排在前面？"

这个问题比第二个问题更好，不再是伪命题。因为一个行业里，10 家甚至更多企业网站做 SEO 是很正常的。那么这个问题就涉及 SEO 的思维、策略、方法和技巧。

关键词的排名由很多的因素决定，比如网站的历史长短、网站的权重、外链和内链的数量和质量、原创内容的质量、关键词的网页布局等。每个因素都会影响关键词的排名效果。所以，很多时候，细节决定排名。这就要看谁更加注重 SEO 的细节，更加有耐心，执行力更强，思维更灵活。

在此着重强调：传统的 SEO 观点是把主关键词优化到百度第一页。比如赵老大、钱老二、孙老三、李老四都是做振动棒的，大家都想把"振动棒"这个热门的主关键词优化到百度的第一页。但是百度第一页只有 10 个位置，大家都来争第一页的位置，可能有人不能争到第一页。那怎么办呢？很简单，可以运用发散性思维，多做次关键词。根据客户的搜索心理和搜索习惯来设置更多次关键词，使大量次关键词排到百度的前面去，相比较这样

竞争就不会太激烈。曾经有个很厉害的 SEO 学员，设计了 5000
多个次关键词，其中几百个次关键词在百度有着很好的排名。这
样，既避开了主关键词的激烈竞争，又收到了非常好的效果。

| 2.12 | SEO 正从搜索排名向搜索流量方向发展

很多人可能不知道：SEO 已经开始从搜索排名向搜索流量发
展。先来看一张搜索流量数据图，如图 2.2 所示。

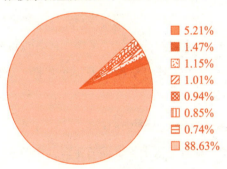

■	5.21%
■	1.47%
⊠	1.15%
⧄	1.01%
⊠	0.94%
�III	0.85%
⊟	0.74%
■	88.63%

图 2.2　搜索流量数据图

其中，前 7 个色块代表网站的主关键词带来的搜索流量，第
8 个色块代表网站的次关键词带来的搜索流量。

举个例子，你是做净化器产品的，在公司网站上设置了"净
化器"以及其他几个与净化器相关的主关键词。假定你网站上的
"净化器"及其他几个相关的主关键词被优化到百度第一页。这
就达到排名的效果，值得肯定。再假定你的网站每天从百度带来
100 个 IP 访客，如图 2.2 所示，你所设置的主关键词"净化器"
带来了 5.21 个 IP 访客；其他几个相关的主关键词，带来了 1.47+

1.15+1.01+0.94+0.85+0.74=6.16 个 IP 访客；而你从来没有重视的次关键词却带来了高达 88.63 个 IP 访客。以上的数据并不是十分精确，但大体上是准确的。那么，以上这些数据说明什么呢？这些数据说明你苦苦追求的主关键词的百度排名并没有给网站带来太多流量，给网站带来绝大部分流量的是你从未重视过、忽略了的次关键词。

几乎所有的人都特别注重主关键词在百度的排名，这固然没错。但是他们忽略了非常重要的一点：每个人的搜索心理和搜索习惯都是不同的。比如你是做不锈钢，找到 SEO 优化公司说："我公司是做不锈钢的，你把我的'不锈钢'这个关键词优化到百度第一页要多长时间，收费多少？"固然有很多人会直接搜索"不锈钢"，但绝大部分人搜索的不是"不锈钢"，而可能是你根本想象不到的次关键词，比如"不锈钢最近市场价格咋样了"。类似于"不锈钢最近市场价格咋样了"这样的问句关键词，你想过要在自己的网站上设置吗？很多人都没有。但是偏偏是这样的次关键词占据网站整体流量的 88.63%。

传统的 SEO 排名是指主关键词的排名，主关键词的排名固然要花精力和时间去做，不能放弃。但是现在当你知道网站的绝大部分流量是来自次关键词，那么，你是不是也要重视次关键词在网站里的设置和布局呢？

笔者的观点是：做 SEO，要重视主关键词的优化排名，但更加要重视次关键词的设置和布局。大家都在争主关键词的优化排名，少有人重视次关键词的设置和布局，导致 SEO 迟迟不见效，以致让很多人对 SEO 失去了信心。其实是 SEO 思维和策略出了问题，并不是 SEO 本身的问题。

曾有狂人放言：真正的 SEO 高手就是把热门的主关键词做到

百度第一页，没把热门的主关键词做到百度第一页，就别谈什么SEO高手！这让人不敢苟同。大家要清楚一点：作为网商，你的目的是什么？是流量，是询盘，是业绩，而不是追求某几个主关键词在百度的第一页排名。只要重视次关键词在网站里的设置和布局，它们会给网站带来意想不到的流量，你的大部分询盘和订单也将来自这里。作为网商，当你重视SEO的时候，目标一定要很明确：网站流量多不多，询盘多不多，订单多不多。

曾经有人在阿里论坛扬言与我PK某个热门关键词能否三个月做到百度第一页，我完全不予理会。因为当他每天在辛辛苦苦对那个热门关键词进行优化操作的时候，我已经通过次关键词的设置和布局轻松赚到了流量和金钱了。我想告诉大家的是：SEO已经开始从热门关键词的搜索排名向整个网站的搜索流量发展了。

2.13 如何避免你的独立网站被百度绑架

经常有人问："我的网站被百度K掉了，关键词排名全部掉下去了，怎么办？"

网站被百度K掉，不外乎两个原因：一是百度算法进行了调整，二是你对网站上的关键词过度修改。如果是百度算法调整导致被K，静静地等待其实是最好的方法，因为被K跟网站本身没有关系；如果是对网站上的关键词进行过度修改，目前除了继续添加原创内容、增加有质量的外链，剩下的也只有静静等待了。

总结一句话：如果你的网站不幸被百度K掉了，基本上只能等待，主观上努力的效果微乎其微。其实我们所有人的网站都是被百度绑架了的，释放或者撕票，都是它一言而决。这么说来有些恐怖。难道真的拿百度一点办法都没有吗？答案是：肯定有办法，并且还很有效。

之所以害怕网站被K，无非是因为网站经过SEO之后，关键词在百度上已获得了好的排名，而好的排名能带来精准的搜索流量和意向客户。但是忽视了两个问题：做SEO，独立网站是唯一的平台吗？难道只有独立网站才能带来精准的搜索流量和意向客户吗？当然不是！大家可以利用很多平台做SEO，这同样能带来可观的搜索流量和意向客户。

传统的SEO把人们的想法都集中在独立网站上，认为只有利用独立网站做SEO，关键词排名才能带来效果。这种观念大错特错。经过多年的实战，笔者总结出9个可以做SEO的平台，分别是阿里SEO、独立网站SEO、博客SEO、论坛SEO、B2B SEO、问答SEO、文库SEO、视频SEO、微博SEO，称之为"SEO独孤九剑"。并为此建立了非常全面、完整的理论体系和操作体系，每个操作细节本书都会详细论述。

比如博客SEO。可以利用博客来做SEO，在博客上设置关键词，并进行细节优化。当博客上的关键词在百度首页出现，就可以带来搜索流量和意向客户。

比如论坛SEO。博客SEO还好理解，论坛也可以做SEO吗？当然可以。论坛SEO也是细节取胜的。当论坛上的关键词在百度首页出现，就可以带来搜索流量和意向客户。

做SEO可以在这9个平台全面撒网。如此一来，就会有许多的关键词在百度上有好的排名了。而独立网站SEO，仅仅是其中的一个平台而已。即便不小心被百度K掉，还有其他8个平台。

其他 8 个平台带来的搜索流量和意向客户，远比一个独立网站带来的多。

把眼界放宽，就会发现天地无限大，根本不用担心你的独立网站被百度绑架，你还有其他 8 个平台可以利用。所以，如果你的网站被百度 K 掉了，只要你把其他 8 个平台的 SEO 都做好，就不用焦躁不安。记住一个简单的道理：所有鸡蛋不要放在一个篮子里。

┃ 2.14 ┃ 指望 SEO 网站快速出效果？千万别这样想

前段时间，有个客户找上我，请我给他们公司做一个营销型的企业网站。从聊天中得知，他的一个同事是我的一个 SEO 学员。那个学员参加完 SEO 培训后，找人做了一个独立网站，网站按照我所讲解的营销思路去建设。网站经过一段时间的优化，好几个关键词都排在百度第一页的位置，那个学员的业绩因此在公司获得提升。公司老板得知他是在我这里参加的 SEO 培训，于是就吩咐另一个员工（就是找到我的这个客户）来请我亲自给他们公司做一个网站。公司老板的想法是：既然那个员工只参加了培训，他是让别人做的网站，效果都那么好了；现在让你自己来做网站，那效果一定会更好了！

对于普通的标准型的营销网站，我一般报价是 4800 元。而据那个客户说，他们公司以前做过好几个网站，都只是几百元。但冲着我的知名度，4800 元就 4800 元，只要效果好就行。于是，客户打了款，由我公司负责为他们做一个标准的营销型网站。

这里要说明的是，我公司的网站业务分工是这样的：我亲自为客户设计网站的营销思路，然后我的助手根据我的营销思路撰写网站的文字方案，最后把方案交由技术人员，技术人员严格按照方案来制作网站。

对于营销型网站，我的思路是这样的：

（1）使用 DIV+CSS 架构网站，使页面呈静态化，有利于关键词在百度上排名靠前；

（2）为网站添加客户数据库功能，对网站访客进行截留储存，提高网站潜在客户数量；

（3）为客户把网站和博客、微博、微信打通，让网站更具社会媒体化和人性化，提高成交率。

给那个客户的网站很快就做好了。上线才两天，客户就来问我：为什么网站上的关键词还没有在百度有排名？我听到这句话，立马就要崩溃。凡是懂 SEO 的朋友，一定明白我为什么会崩溃吧。

在此给大家普及独立网站 SEO 的基本常识——一个新的独立网站上线后，需要过几天才会被百度收录。这里的"收录"，还仅仅是指收录网站的首页，至于内页，那还需要经过更长一段时间才能被收录。当百度收录网站首页后，通常在百度首页可以搜索到公司的名称，因为公司的名称是独一无二的。但是，你要说产品关键词就能在网站上线后马上排在百度首页，那基本上是痴人说梦。当然，也有这种可能，那就是相当冷僻的长尾关键词。而如果是比较热门的长尾关键词或者是核心关键词，那可需要一段比较长的时间才可能在百度上排名靠前。

更加重要的是，网站上的关键词要在百度上排名靠前，需要经过内部和外部的双重优化。内部的优化，对于网站制作人员来说，他会从程序技术、关键词布局等方面解决 SEO 问题，而原创内容的更新以及内部文字链接，则需要客户自己以后去操作。还有外部的优化，即外链的添加，这也需要客户以后自己去操作。而我给客户的承诺是：当我的公司给你做完网站后，我会教给你一些内部、外部优化的方法，你需要按照我的方法去操作，关键词才有可能在百度上排名靠前。至于网站上设定的关键词什么时候能在百度上排名靠前，我无法保证。

我从事 SEO 工作 5 年有余，从来不敢向任何客户大胆承诺：某个关键词在某段时间后一定可以在百度首页上获得排名。敢这样承诺的 SEO 人员，不是疯子，就是骗子。凡是懂 SEO 的资深人士，一定会赞同我的话。但是这个客户不懂，尤其是他的老板不懂。网站上线几天之后，公司老板还没看到关键词在百度上有排名，就甚为震怒。

我理解客户的心态，他们要的就是快速出效果，越快越好。但是我要告诉所有人：SEO 是一个慢工出细活的事，尤其是独立网站的 SEO，见效是比较慢的。独立网站 SEO，在技术人员帮你解决所有程序技术、关键词布局以及相关问题之后，需要客户自己以后经常更新原创、添加内外链。要谨记 SEO 行业那句话，"内容为王，外链为皇。" SEO 再发展 100 年，这句话也不过时。这句话表达的意思是：SEO 需要不断地更新原创的内容和高质量的外链，才能提高网站的权重，提高网站上的关键词在百度上的排名。

那个公司老板又问："可是为什么以前那个员工的网站上的关键词排名那么好？" 我说："那你知道我的那个学员给网站做了什么优化功课吗？他不可能什么都没做，网站上的好几个关键词就自动排名靠前了。还有，你知道他的网站上的几个关键词排名靠前，花了多少时间吗？”

很多客户不懂 SEO 的基本常识，这也不怪他们，毕竟他们要的就是一个快速的结果。但是我想告诉所有想做网站 SEO 的人：千万不要认为把网站交给一家网络公司做完上线后，网站上的关键词就马上会在百度上获得好的排名。如果你想网站一上线马上获得排名，建议你去做百度竞价排名，那排名速度比火箭还快，只要你有大量资金投入。如果你想当甩手掌柜，什么事也不管，希望网站上线后关键词能长期稳定地在百度上获得好的排名，建议你找一家 SEO 托管公司，他们会帮你长期维护网站 SEO，但是收费很高，市场价格一般在每年 1.5 万～5 万元之间。

我以一名 SEO 行业资深人士的身份告诫你：不要把公司所有的网络营销的希望都寄托在一个网站 SEO 快速出效果上，这几乎是不现实的事情。本书总结出来的"SEO 独孤九剑"，包含了阿里 SEO+ 独立网站 SEO+ 博客 SEO+ 论坛 SEO+B2B SEO+ 问答 SEO+ 文库 SEO+ 视频 SEO+ 微博 SEO 这 9 个平台的 SEO。独立网站 SEO，仅仅是其中的一个平台而已。而恰恰独立网站 SEO 出效果是最慢的。要快速见到效果（我所指的快速，最少也是一个月之后），就需要运用其他平台的 SEO，而其他平台的 SEO 是免费的。

当然，独立网站 SEO 也要做，做好了客户就能直接进入独立网站，不需要像其他平台的 SEO 那样，绕圈子才能进入你的独立网站。但是请树立正确的意识和良好的心态：独立网站 SEO 只能是慢工出细活，不大可能立马见效。如果真有网站上线后立刻有关键词在百度排名靠前，只有两种可能：一是设定的关键词比较冷僻，二是纯属巧合。

在此郑重说明：你找任何一家公司做营销型网站，如果指望网站一上线马上见到关键词在百度首页上获得排名，建议别找，因为没有哪家网络公司敢接你的单子。

最后给所有的企业老板和普通网商一句忠告：无论做网站SEO，还是做更宽泛的网络营销，切忌心态浮躁，欲速则不达，一定要扎扎实实沉下心来做。

| 2.15 | 中小企业总经理该不该亲自学习SEO

当前国内大多数中小企业开始重视网络营销的大背景下，SEO毫无疑问成为中小企业最为喜欢的网络营销手段和方法。

什么是SEO？SEO即为搜索引擎优化，是把网站上的关键词优化到百度、谷歌等搜索引擎的前面。对中小企业来说，自家网站上的关键词在搜索引擎上排名靠前，意味着可以带来更多的意向流量和意向询盘，进而带来更多的实际订单。所以，SEO是当前许多中小企业最为重视的。许多中小企业都把SEO提升到公司战略高度上来执行，聘请SEO专家给企业每名网络营销人员进行专业的培训，或者招聘专业SEO人员成立专门的SEO部门。SEO在中小企业网络营销中的重要战略地位可见一斑。

长期以来，学习SEO主要有三大人群：

- 一是从事网站建设和SEO的技术人员
- 二是自主建站的个人站长
- 三是从事网络营销的企业销售人员

中小企业总经理（一般都是企业老板）中学习SEO的人相对

来说比较少。因为中小企业总经理思考更多的是公司战略层面的问题，具体的操作事宜都会交给下属来做。

但是为什么笔者仍然主张中小企业总经理学习 SEO 呢？

（1）因为 SEO 是网络营销里最热门、最重要的方法，中小企业总经理通过系统地学习，可以从战略的高度了解 SEO，从而坚定企业走网络营销道路的决心。

（2）中小企业总经理掌握 SEO 后，可以更胸有成竹地自行组建、管理网络营销团队，并对网络营销团队进行系统的 SEO 培训，有助于提高企业网络营销的效率。

（3）中小企业总经理学习 SEO 后，可以对整体的网络营销环境做到宏观策略上的把握和微观执行上的控制，牢牢掌握企业网络营销前进的大舵。

（4）以 SEO 实战专家的身份，可以经常在线下企业家聚会时，分享自己企业网络营销的经验，塑造成功企业家的个人品牌。

（5）小微企业在创业起步阶段，很多具体的网络营销操作事宜，企业总经理都必须亲自上阵，SEO 的系统学习成了迫在眉睫的任务。

| 2.16 | "SEO 独孤九剑" 为什么适合中小企业总经理学习

"SEO 独孤九剑"包括阿里 SEO、独立网站 SEO、博客 SEO、论坛 SEO、B2B SEO、问答 SEO、文库 SEO、视频 SEO、微博 SEO。本书在国内首次提出"SEO 独孤九剑"的概念，并为此建立了一套完整的思维体系、理论体系、操作体系和培训体系。

在 2012 年 10 月之前，我还没有建立"SEO 独孤九剑"的时候，我主要是讲解阿里 SEO、博客 SEO、淘宝 SEO、B2B SEO。这四个知识点由于内容较少，个人操作的话，不用花多少时间，易于对付过来，所以非常适合普通销售员和个人创业者。但是，当我建立"SEO 独孤九剑"体系之后，这套体系的内容就更加丰富，普通销售员和个人创业者如果来学习的话，我通常都建议：你可以全盘学习一遍，但绝不主张每个平台都去操作，因为不可能有那么多时间和精力，你只需要集中精力操作其中几个平台即可。

而对于中小企业总经理（或销售主管）来说，"SEO 独孤九剑"更加适合他们学习。因为他们是企业总经理，手底下有网销人员和推广人员。企业总经理学习完这套体系之后，自己根本不用亲自去操作，他可以对手下的网销人员和推广人员进行不同平台的科学分配和安排，9 个平台同时操作。9 个平台的全面操作，威力是最大的，因为以一个团队的力量来操作，将可以为企业带来规模化的搜索流量，从而取得惊人的效果。

当然，有的微型企业公司刚刚创办，还没有来得及组建网络营销团队，公司的总经理需要亲自上阵操作 SEO，那么学完"SEO 独孤九剑"的初期，由于个人的时间和精力有限，只需要选择其中几个平台来操作。等到公司慢慢有了发展，开始组建团队，再把学到的"SEO 独孤九剑"教给你的团队成员，科学合理地分配即可。

总之，学到的东西永远是自己的，早学的话，对未来节省企业的时间成本、人力成本、资金成本、运营成本并且快速提高企业发展的速度和效率都有极大的帮助。

| 2.17 | 学 SEO，你的执行力到位了吗

执行力是指有效利用资源、保质保量达到目标的能力，是贯彻战略意图、完成预定目标的操作能力，是把企业战略、规划转化成为效益、成果的关键。执行力包含完成任务的意愿、完成任务的能力、完成任务的程度。执行力，对个人而言就是办事能力，对团队而言就是战斗力；对企业而言就是经营能力，简单来说就是行动力。

学习是基础，执行是关键。这是 SEO 的基本理念。"内容为王、外链为皇"这些概念被 SEO 专业人士奉为圭臬，但其实这些都是末节。SEO 学习者真正应该奉为圭臬的只有 5 个字：狠狠地执行。执行的前提是系统的学习。在学习的时候，一定要不断打开思维，领悟其中的真谛。思维打开之后，就按照要求狠狠地执行。

相信很多人都具有可贵的学习能力，但是具有执行能力的人比较少。在此我想表扬众多的 SEO 学员，正是他们在接受系统学习之后狠狠地执行，让他们在不长的时间里迅速取得显著的效果，业绩大幅度增长，从而比以前赚到了更多钱，有的借此升职当经理（总监），有的去创业当老板。这些成功的案例不胜枚举。在此提出一个崭新的 SEO 理念：使大量关键词占领百度、谷歌前三页。

为什么要占领百度、谷歌前三页呢？经过测试，如果你只有几个关键词在百度、谷歌排名靠前，带来的流量是非常有限的，询盘也不会很多，订单自然更少。而如果你的关键词占领了百度、谷歌前三页，那么客户几乎无处可逃，他除了选择你，已没有更好的选择，因为在百度、谷歌前三页看到的都是你的产品信息。这是一种很恐怖的网络营销手段。有兴趣的朋友可以去我的博客上读一篇文章《她太牛了，我们都被震撼了》，文章中我例举的某位 SEO 学员怎样做到一种恐怖的效果，惹得多少人震惊、羡慕、赞叹。

这是笔者经过长期实战操作总结出来的一套惊人的方法，包含很多好的思维理念和决不外泄的细节。但是，要求使用这种方法的朋友一定要有狠狠的执行力。只有执行力到位，才能达到这种恐怖的营销效果，从而获得巨大的成就感。

第3章

SEO与网店的导流

如果从获取金钱这个结果往前推，我们会有这么一条线索：获取金钱→转化率提高→获取流量→不断推广优化。所以，只有了解如何不断推广，才能带来流量，才有办法提高转化率，才能赚取金钱。

本章主要了解

- 流量是网店的关键
- 如何导流到自己的网店
- 阿里 SEO 的关键
- 提高转化率的方法

3.1 新网站如何更快地被百度收录

当一个新网站建成以后，需要提交给百度、谷歌，这样有利于百度、谷歌收录网站。这个常识没有任何问题，不过一些圈外人却会对此产生误解，以为新网站必须提交给百度、谷歌才会被收录。其实不然。一个新网站，即使不提交给百度、谷歌，百度、谷歌同样会收录它。目前并没有足够的证据表明，一个新网站提交给百度、谷歌比不提交的能更快地被收录。所以，这是一种误解。

百度、谷歌收录一个新网站的标准，是看这个网站的质量和内容。也就是说，新网站的质量、内容越高，越容易越快被收录。通常来说，只要新网站基本搭建好了，内容填充完整，就会很快被百度、谷歌收录。

如果一个新网站迟迟没有被百度谷歌收录，有四种解决途径。第一，提高网站的质量内容，写一些原创性的文章；第二，把网站提交给百度、谷歌；第三，与已经被百度、谷歌收录的网站做友情链接；第四，到论坛里发帖子，帖子里留下网站的网址。

新网站被百度、谷歌收录只是第一步，接下来最关键的是如何使网站上的关键词在百度、谷歌上获得好的排名。只有网站上的关键词在百度、谷歌上获得好的排名，这个网站才具备营销价值，才会被意向客户通过搜索引擎找到。这些涉及 SEO 的各种策略和细节，以后将会详细探讨。

有一种说法：新网站提交给百度、谷歌，可以增加网站的反向链接。反向链接是 SEO 非常重要的因素之一，网站上的关键词若想在百度、谷歌上获得好的排名，做高质量的反向链接是必须的工作。所以，如果建成一个新网站，不妨把网站的网址提交上去。百度的提交入口：http://www.baidu.com/search/url_submit.htm（或者在百度上搜索"百度网站登录"，第一条即为提交入口网址），如图 3.1 所示。

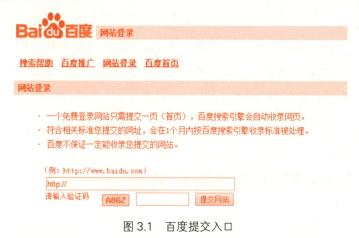

图 3.1　百度提交入口

|3.2| 百度如何快速收录内页

网站是由首页和内页组成的。网站内页是指除了首页以外的其他网页，其中包括产品页、内容页等。通常来说，百度、谷歌比较容易收录网站的首页，但是对于内页，收录起来会相对慢很多。有的企业网站建立大半年，首页早就被收录，但内页却迟迟无法被收录。类似情况很常见。

通常，绝大多数中小企业网站，只在首页设置几个关键词。诚然，首页权重是最高的，所以首页标题（Title）上的关键词更容易在百度、谷歌上排名靠前。而内页的权重通常都很低，但是可以通过一些方法提高内页的权重，从而使得内页标题（Title）上关键词也被百度、谷歌收录，继而获得好的排名效果。

解决百度、谷歌收录网站内页的方法总结起来有四点：第一，在网站上增加新闻频道，经常发布原创文章；第二，把内页与首页进行链接；第三，在与其他网站做友情链接的时候，让对方的网站链接你的内页；第四，在论坛里发帖子的时候，帖子里留下内页网址的链接。如此做一段时间，内页标题（Title）上的关键词在百度、谷歌上就会有好的表现。

I 3.3 I 网站首页切记做成 Flash

很多小微企业喜欢把网站做得华丽大气，例如把网站的首页做成一张炫酷的 Flash（动画）。从展示公司形象上来看，这样的网站首页无可厚非，值得肯定。但是，网站的最大功能不是华丽好看，而是营销。

营销型网站，最大的意义在于：在网站上设置产品关键词，并对关键词进行 SEO 优化，使关键词在百度、谷歌等搜索引擎上获得好的排名。只要网站上的关键词在百度、谷歌等搜索引擎上获得好的排名，每天都会有定向流量进入网站，从而带来有效的客户询盘和订单。如果网站首页是一整幅 Flash，网站打开的速度会相对变慢，这样百度、谷歌的搜索程序会降低他们的权重，从而使得网站上的关键词不容易在百度、谷歌上排名靠前。

更严重的是，有些网站首页的标题上只有公司的名称，而没有产品关键词。客户在百度、谷歌只能搜索公司的名称才能找到网站。但如果是一家很小的公司并没有名气，有几个人会知道这家公司呢？所以，网站首页的标题上，除了有公司名称外，必须添加产品关键词。通过一些细节的处理，对标题上的关键词进行 SEO 优化，关键词才可能在百度、谷歌上获得很好的排名。而 SEO 的重要细节之一就是切忌把首页做成整幅的 Flash。

| 3.4 | 让客户进入网店的新流程

百度是中国流量最大的网站，每天都有无数的客户通过百度搜索进行购物。所以，如果能把流量从百度引导到淘宝店铺来的话，很多店铺的生意无疑会好很多。问题是，自从淘宝屏蔽百度搜索蜘蛛之后，客户就很难从百度通过搜索直接进入淘宝店铺了。于是很多淘宝店主放弃了百度，其实这是错误的。长期的实践测试表明淘宝屏蔽的只是百度的搜索蜘蛛，并没有屏蔽其他的网站。比如，你有一个新浪博客，在新浪博客上做了一个关键词，并通过 SEO 的方式对这个关键词进行了优化处理，然后在新浪博客里放上你的淘宝店铺链接地址，过段时间后这个关键词在百度上排名靠前。客户从百度上搜索到这个关键词，于是进入你的新浪博客，然后顺着你在新浪博客上留下的链接，自然就进入你的淘宝店铺。

如果把很多关键词都做到百度前面，自然有更多的客户从百

度顺着链接进入你的淘宝店铺。以前的流程是：百度——淘宝店铺；现在的流程是：百度——博客——淘宝店铺（说明：无论是新浪、搜狐、网易博客皆可）。这就是所谓的"曲线救国"方式，即在中间增加了一个环节，最终实现把客户从百度引导到淘宝店铺的目的。其中最关键的是：你必须对自己的博客进行 SEO 优化，这样才能使得大量关键词在百度排名靠前。

很多的淘宝大卖家可能不屑于做这个工作，他们可以在百度上投放大量广告，但是对于众多淘宝小卖家来说，没有太多钱投放广告，就只有多花时间，使用 SEO 这种免费的营销推广方式。

由于百度与阿里巴巴之间复杂的关系，阿里旺铺上的关键词也较难在百度上获得好的排名，所以，同样可以利用博客这个中间平台把百度上的客户引导到你的阿里旺铺上来。以前的流程是：百度——阿里旺铺；现在的流程是：百度——博客——阿里旺铺。

3.5 网站首页标题设置 3 个关键词

在企业网站首页上设置关键词的目的是什么？是希望关键词能在百度等搜索引擎上排名靠前。但是很多企业网站在首页标题设置上通常会犯两个错误：一、不设置任何关键词，只有一个公司名称；二、堆砌 6 ~ 10 个以上的关键词。

打开网站：http://www.hzhtys.com/，查看源文件，如图 3.2 所示，在该网站首页标题上只有一个公司的名称：海天印刷有限公司。客户在百度上只能搜索公司名称才能进入该网站。这是最老土、最陈旧的网站，但是这样的企业网站在中国比比皆是。

再打开网站：http://www.matong13.com/，查看源文件，如图 3.3 所示，在它的首页标题上，堆砌了 7 个关键词：厦门马桶维修，TOTO 马桶维修，科勒马桶维修，抽水马桶漏水维修，马桶配件，水箱配件批发，老式马桶节水改造专家。该网站企图通过堆砌很多关键词，增加在百度上排名靠前的机会。但这个标题恰恰起了反作用。百度是禁止在网站首页堆砌关键词的，凡堆砌关键词的网站，百度通常都会打击。

```
<!DOCTYPE html PUBLIC "-//W3C//DTD XHTML 1.0 Transitional//EN" "http://www.w3.org/TR/xhtml1/DTD/xhtml1-tran
<!--由中企动力科技股份有限公司惠州分公司技术部设计制作<br>如果您有任何意见或建议请电邮dm-huizhou@300.cn-->
<html xmlns="http://www.w3.org/1999/xhtml">
  <head>
<meta content="text/html; charset=utf-8" http-equiv="Content-Type" />
<title>海天印刷有限公司</title>
```

图 3.2　首页标题

```
<!DOCTYPE html PUBLIC "-//W3C//DTD XHTML 1.0 Transitional//EN" "http://www.w3.org/TR/xhtml1/DTD/xhtml1-transitional.dtd">
<html xmlns="http://www.w3.org/1999/xhtml">
<head>
<meta http-equiv="Content-Type" content="text/html; charset=UTF-8" />
<title>厦门马桶维修_TOTO马桶维修_科勒马桶维修_抽水马桶漏水维修_马桶配件_水箱配件批发_老式马桶节水改造专家-厦门宇智波卫浴 18950013755</title>
```

图 3.3　首页标题

根据经验，网站首页上设置 3 个主要的关键词是最好的。如果还想"贪心"一点，那设置 5 个关键词也是被许可的。但是一定不要超过 5 个关键词。一旦超过 5 个关键词，就会被百度认定是"堆砌"，堆砌关键词就是作弊，而作弊通常会被百度惩罚。

为什么网站首页标题上只能设置 3 ～ 5 个关键词呢？原因很简单。关键词数量少，百度会给予这些关键词更集中的权重；关键词数量多，百度给予的权重会被分散，这导致没有一个关键词能在百度上有好的排名。打个比方，我煮了一锅饭，分配给 3 个兄弟，大家都能吃饱；同样一锅饭，如果分配给 10 个兄弟，那大家都会挨饿。所以，我在给客户制作网站的时候，一般只设置 3 ～ 5 个关键词。比如我给客户制作的网站 http://www.guanghuashufa.com/，查看源文件，如图 3.4 所示，设置了 5 个关键词：书法作品，瓦当全年红纸，瓦当对联红纸，全年红春联纸，手写春联对联。其中除了"书法作品"外，其他几个关键词基本都排在百度第一页。

```
<!DOCTYPE html PUBLIC "-//W3C//DTD XHTML 1.0 Transitional//EN" "http://www.w3.org/TR/xhtml1/DTD/xhtml1-t
<html xmlns="http://www.w3.org/1999/xhtml">
<head>
<meta http-equiv="Content-Type" content="text/html; charset=gb2312" />
<title>书法作品|瓦当全年红纸|瓦当对联红纸|全年红春联纸|手写春联对联-佛山市广华礼品书法有限公司</title>
```

图 3.4　首页标题

当然，关键词要排名靠前，仅仅做好设置是远远不够的，还需要做很多优化的工作。

| 3.6 | 淘宝 SEO：切记在关键词里夹杂特殊符号

我喜欢在淘宝网上购物。因为自己是 SEO 从业者，所以对于淘宝店铺的 SEO，也颇有研究心得。每每在淘宝上购物时，看到一些淘宝店铺上不符合 SEO 的地方，就禁不住叹息。很多淘宝小卖家整天都没有生意，是有原因的。

众所周知淘宝屏蔽了百度，在百度上是很难直接通过搜索关键词进入淘宝店铺的，所以淘宝店铺上大部分流量都是来自淘宝自己的搜索引擎。对于淘宝小卖家来说，因为没有多少资金投放直通车广告，所以，必须掌握淘宝 SEO 技巧，才能够让自己店铺上的宝贝关键词尽量在淘宝搜索引擎里往前靠。宝贝关键词只有往前才会有更多的流量和询盘。

在此披露一个淘宝 SEO 的小细节，这个小细节的处理能够让你的宝贝关键词排名有所靠前。很多的淘宝店铺在宝贝关键词描述中都布满了"★""◢◣""◥◤""＝"等粗体的特殊符号。比如，有个店铺的宝贝关键词描述是："★蒙娜丽莎◢◣正品韩版女装◥◤新款上市＝假一罚十"。这样做的理由似乎很充分：能够让顾客看起来很有视觉冲击力。没错，的确是这样。很多小卖家不知就里，看到别人的店铺里充满了这些特殊符号，于是也跟着这样去做。但是从搜索引擎的角度，对这种做法表示反对。

在SEO里有个名词叫做"搜索蜘蛛"，关键词是由"搜索蜘蛛"抓取的。想象一下真实的蜘蛛的爬行习惯，蜘蛛在它自己吐出来的网上爬行是很顺畅的，如果碰到障碍，蜘蛛会绕道而行。"搜索蜘蛛"同样遵循了真实蜘蛛的爬行原理：当"搜索蜘蛛"碰到一些乱七八糟的特殊符号的时候，就会减少抓取的机会。所以，像"★""◢◣""◥◤""＝"等粗体的特殊符号严重阻碍了"搜索蜘蛛"的抓取。比如上面所述的宝贝描述："★蒙娜丽莎◢◣正品韩版女装◥◤新款上市＝假一罚十"。"搜索蜘蛛"比较难抓取这种充满特殊符号的宝贝关键词，所以导致这种宝贝关键词比较难出现在淘宝搜索引擎的前面。

修改的办法很简单，只需要用细体的符号代替即可，比如"/""|""+"或者空格。这样，"搜索蜘蛛"抓取宝贝关键词的时候才会更容易，宝贝关键词的排名才能更靠前。这是淘宝SEO里面的一个很小的细节，但是很多人都忽略掉了。如果你的淘宝店铺里也充满了类似的乱七八糟的特殊符号，请立即改正过来。

淘宝关键词排名是由很多方面的因素决定的，在此就不一一展开叙述了。

| 3.7 | 阿里 SEO: 影响阿里旺铺关键词排名的 5 大交易因素

　　凡是在阿里上开通旺铺的商家，都希望自己的关键词能够出现在阿里内部搜索引擎的第一页。关键词排名越靠前，曝光量越大，被客户找到的机会就越大。对于阿里旺铺关键词的排名优化手段，笔者称之为"阿里 SEO"。

　　阿里 SEO 包含了很多内容，在线交易是其中非常重要的内容。在线交易是指在阿里巴巴中国站通过支付宝交易，不包括网上银行交易和现金交易。在线交易严重影响着阿里旺铺关键词在搜索引擎中的排名。这里分享在线交易中影响关键词排名的 5 个因素。希望对照这 5 个因素，使你的旺铺更加完善。首先来看一张截图，如图 3.5 所示，有"累计出售"一栏条目，凡是开通在线交易的旺铺就会有这样的在线成交记录。

商品价格：**54** .00 元/条

最小起订量：5条

供应商支持：诚信通 本店采购满300元或5条即可※

发货地点：广东 广州 海珠区 | 运费计算 ∨

累计出售：16条

选择规格　购买多款

图 3.5　产品信息

　　在线交易包含以下 5 个因素：

　　（1）交易笔数。一条产品信息交易的笔数越多，在其他条件相同的情况下，这条产品信息的关键词排名就会更靠前。比如：

张三和李四的旺铺都是做韩版女装的，在张三和李四的旺铺上都有一条同样的产品信息"供应韩版女装"。如果张三的产品信息显示交易 15 笔，而李四的产品信息显示交易 10 笔，那么在其他条件相同的情况下，张三旺铺上信息关键词的排名就会比李四旺铺上信息关键词的排名更加靠前。

交易笔数对关键词排名的影响规则告诉大家：要重视旺铺上重要关键词信息的推广，千方百计引导客户在你的重要关键词信息里下单。比如，"韩版女装"是一个非常重要的、热门的关键词，若想使得这个关键词在搜索引擎里排名靠前，最好引导线下的老客户到这条关键词信息里下单，成交笔数越多，旺铺上的"韩版女装"排名就会越靠前。这对于拥有大量老客户的商家非常有利。新商家也不必焦虑，任何在线交易都是一个积累的过程，以后要有意识地去引导客户到你的重点关键词信息里下单成交。

（2）交易人数。一条产品信息交易的人数越多，在其他条件相同的情况下，该产品信息的关键词排名也会更靠前。比如：张三和李四各自的旺铺上有一款相同的韩版女装，标题也相同，都是"供应韩版女装"。如果张三的这款产品有 20 个人交易，而李四的这款产品有 30 个人交易，那么在其他条件相同的情况下，必定是李四旺铺上的关键词排名更靠前。

交易人数对关键词排名的影响规则告诉大家：要引导尽可能多的新老客户在你的重要关键词信息里下单。

（3）回头客数。无论做什么生意，回头客都是利润的重要来源。根据数据统计，一个商家 90% 以上的利润都来自回头客。在阿里旺铺里，回头客数越高，越能说明产品的质量、公司服务和信誉好，在其他条件相同的情况下，这条产品的关键词排名也会更靠前。比如：张三旺铺上的某款产品，同一个客户购买 3 次，而李四旺铺上的某款同样的产品，同一个客户只购买 2 次，那么在其他条件相同的情况下，自然是张三旺铺上的关键词排名更靠前。

回头客数对关键词排名的影响规则告诉大家：要做好产品的质量，并且对客户进行很好的维护，这样客户才会反复在线购买你的产品，这必然会不断提高你的关键词排名。

（4）交易转化率。交易转化率，是指客户看了你的某条产品信息后进行了在线购买的比例。在其他条件相同的情况下，转化率越高，排名越靠前。比如：张三的产品信息"供应韩版女装"，今天有 100 个人点击访问，其中有 10 个人在线购买，转化率为 10%。李四的同样一条信息"供应韩版女装"，今天有 50 个人点击访问，其中也有 10 个人在线购买，则转化率为 20%。那么在其他条件相同的情况下，李四的关键词信息排名更加靠前。

交易转化率对关键词排名的影响规则告诉大家：要从搜索引擎和客户视觉、客户心理等各个角度对标题进行仔细打磨、优化，吸引客户的点击；要上传更清晰、更能体现产品细节和特点、更具有视觉冲击力的图片；要对产品的内容进行专业的、人性化的细致描述。总而言之，要尽可能留住每个来访的客户，最大程度促成在线成交。

（5）好评率。好评率是指产品信息从有在线交易至今积累的历史买家评价，因 1 ～ 5 颗星评价不同分为不同程度的好评率。比如：张三的旺铺开通 3 年，某款产品的好评率是 98%；李四的旺铺开通 4 年，某款产品的好评率是 96%。那么在其他条件相同的情况下，张三的这款产品关键词信息会更加排名靠前。

好评率对关键词排名的影响规则告诉大家：必须不断提高产品质量、售后服务水平，才能提高好评率。

综上所述，在线交易中，影响关键词排名的 5 个因素分别是：交易笔数、交易人数、回头客数、转化率、好评率。针对每个因素，大家要认真地、细致地做好。

考虑到一些客户不习惯使用在线交易，要尽量说服客户并耐心指导客户使用在线交易。每次在线交易，对你的关键词排名都是一次良性促进。并且一定要做好产品质量和售后服务，减少客户的投诉和退货。

如果有人对5种因素做得比较差，不要着急，慢慢来。通过日积月累，以后的生意就会越来越好。影响阿里关键词排名的因素，除了在线交易外还有很多。大家需要系统地掌握"阿里SEO"，了解每个因素和细节，才能接到更多订单。

| 3.8 | 阿里 SEO: SEO 和 UEO 的结合，才能拿到更多订单

现在很多人对 SEO 已经不陌生，都知道这是目前最先进的网络营销方法之一。在此还要给大家介绍另外一个概念：UEO。只有把 SEO 与 UEO 相结合，才能带来更多流量、询盘，进而拿到更多订单。

那么，什么是 UEO 呢？UEO 是英文 User Experience Optimization 的缩写，中文意思是"用户体验优化"。也就是针对用户的体验，使网站（或网店、旺铺、博客）在功能、操作、视觉、内容等方面进行优化，从而获得访客青睐，提高流量的转化率。

UEO 越来越被 SEO 工作者们所关注，因为随着互联网技术的发展，站点竞争进入了前所未有的"革命时代"，越来越多的

站点了解并熟悉 SEO 技术，各个行业的站点流量拼抢达到了一种狂热状态。对搜索引擎是越来越了解，并且熟悉其排名模式。在这种情况下，我们考虑的重心不再是 SEO，因为它已经成为一种必备的站长常识，所以这个时候 UEO 诞生了。当然，对于熟悉 SEM 的人来说，UEO 并不陌生。我们经常说的用户体验，你可以认为是如何把站点的流量变成高质量的流量，也就是最终的"真实且有效的流量"。换句话说，就是让进入你站点的用户觉得你这个站点是他需要的，并且喜欢经常浏览你的站点，到你站点上找寻或者买卖他们的产品和资料。可以直接理解为，你的站点（所在的行业）能够获得更多用户的青睐和喜欢。

SEO 与 UEO 有效结合是网站优化的最高境界。不要为了搜索引擎而去做网站，而从用户体验优化角度去营销自己的网站。一切为了用户去设计，才是网站最好的成功之路。

UEO 是针对用户而言的，是使网站开发和设计人员更注重人性化的方面，注重通过提升用户体验来吸引用户。UEO 的提出不是相对于 SEO，而是基于 SEO 的，或者说二者兼顾的。只有并举 SEO 与 UEO，做好内容和用户体验，网站才能更好地体现自身的价值。用户体验优化才是网站最终的优化，只要用户体验得到了改善，相信没有人敢忽视口碑传播的效果。

以我的博客"http://fengse58.me.1688.com/"为例。当一个做网络营销的朋友，第一次进入到我的博客时，他一定会喜欢上我的博客，因为首先他会被博客的设计所吸引。我的博客整体色调为紫色，显得精致高雅，在博客顶部的 Banner（横幅广告）部位，是品牌宣言以及本人相片。这种设计会让人感觉非常专业，并具有权威性，容易取得用户信任。而信任是提高成交率的最好武器。装饰设计，就是从视觉上给人美好的感觉。无论是你的网站，还是网店、旺铺、博客，都需要精心设计。

在此告诉大家一个概念：OR（Out rate），也就是"跳出率"，它是指访问网站（或网店、旺铺、博客）只浏览一个页面就离开的用户所占的比例。跳出率越高，说明网站（或网店、旺铺、博客）越没有吸引力；反之，跳出率越低，说明网站（或网店、旺铺、博客）越有吸引力。吸引力越高，成交率就会越高。所以，必须对网站（或网店、旺铺、博客）的每个可能影响到用户浏览的细节进行精心的设计优化，降低跳出率。也就是说，要牢牢地把用户黏在你的网站（或网店、旺铺、博客）上，让用户舍不得离开，让他今天一次性浏览很多页面，以后也经常回头来访问你的网站（或网店、旺铺、博客）。

如果你仔细阅读我博客并长期关注的话，就会发现我博客上的很多细节都是从用户体验角度来设计优化的。这些细节往往会使得用户在我的博客上停留比较长的时间。这样跳出率会很低，成交率自然就会增长。所以，在学习 SEO 的同时，也要学好 UEO。否则，成交率很难提高。

| 3.9 | 微信 SEO: 移动社群营销 + 移动搜索营销最完美的利器

很多中小企业现在已经意识到微信营销的重要性，也纷纷尝试微信营销。他们最苦恼的不是如何加粉丝，而是如何寻找到精准的意向客户，并且那些精准的意向客户最好不是自己找的，而是主动送上门来的。有这样的方法吗？当然有！这就是本节要谈到的"微信 SEO"。

微信营销，属于移动社群营销；SEO，属于搜索营销。相对于微信营销来说，SEO 是一种比较传统的网络推广方式，它无疑是中小企业网络推广的利器，其最大的优势在于它把关键词优化到搜索引擎的前面，带来精准的意向客户。在 PC 互联网时代，SEO 主要针对的是百度。只要把关键词优化到了百度的第一页，就不愁没有意向客户主动找上门来。经过多年口碑相传，SEO 已经为广大中小企业所认同和喜欢。微信营销是目前最火的移动网络营销方式，它利用原创文字、视频、音频的传播，积累粉丝，通过与粉丝互动，增加粉丝对卖家品牌、产品的认知和信任，从而提高产品购买的转化率。

因为粉丝量是微信营销的基础之一，很多中小企业拼命地去加粉丝。最后却发现，粉丝多了，转化率却并不高。这是什么原因呢？最根本的原因是，加的粉丝并不精准。而微信 SEO 带来的是精准的意向客户。

微信也有 SEO 吗？有的。百度是搜索引擎，所以有百度 SEO；阿里巴巴有内部搜索引擎，所以有阿里 SEO；淘宝有内部搜索引擎，所以有淘宝 SEO……凡是有搜索引擎存在的地方，就会有 SEO。微信搜索引擎，指的是公众微信 SEO。大家可以亲自操作一下，具体步骤如下。

图 3.6　微信搜索引擎的操作步骤

比如在微信搜索引擎上输入关键词：面膜，如图 3.7 所示，排在前 3 名的分别是"奇迹面膜""海洋传说面膜""MG 美即面膜"。每天都会有成千上万的用户在微信上搜索"面膜"这个关键词。如果你是经营销售面膜产品的，你的面膜关键词能排在微信搜索引擎的前3名或者排在第1页，那么每天自然会有很多人主动找到你买面膜。不管经营销售什么产品，如果产品关键词能排在微信搜索引擎的前3名或者排在第1页，每天自然会有很多人来主动找到你买产品，根本不需要到处去推广。

图3.7　微信搜索引擎

通过微信搜索引擎找到的粉丝不可能100%成为你的成交客户。那么，要如何提高成交率呢？很简单，微信是一个最容易增强粉丝信任感的工具。当粉丝关注了你的公众微信号之后，你要把他导入到你的私人微信号里。作为微信公众号和私人号的运营者，你可能会经常在微信里发布原创的文字，或视频、音频。粉丝长期关注了那些原创的文字（或视频、音频），他们总有一天会因为信任你而来购买你的产品。这就是微信SEO，是移动社群

营销＋移动搜索引擎的完美结合。

微信 SEO 最神奇的地方就在于：

（1）粉丝会主动来加你，而不用你去加粉丝；

（2）凡是通过微信 SEO 加你的粉丝，都是精准客户，是带着购买的意向来加你的，并且他们还会通过长期关注你，对你产生信任感，所以成交率一般是最高的。

正如百度 SEO 刚刚出来的时候，利用百度 SEO 的很多中小企业都获得了成功。现在微信 SEO 也刚刚出来，这对于广大的中小企业来说，无疑是一个巨大的机会。所有的机会都在一开始，能不能把握就看你自己。

3.10 提高网店转化率，要如何把 SEO 和自媒体结合起来

自媒体又称"公民媒体"或"个人媒体"，是指私人化、平民化、普泛化、自主化的传播者，以现代化、电子化的手段向不特定的大多数或者特定的单个人传递规范性及非规范性信息的新媒体的总称。自媒体平台包括：博客、微博、微信、百度官方贴吧、论坛 /BBS 等网络社区。

传统的 SEO 操作者可能把精力多半放在独立网站上，费尽心思把独立网站上的主关键词优化到百度第一页，这就算大功告成。可是他们忽略了一个关键点：转化率。任何企业网站（或网店），都必须以流量的转化率为最后标准。而提高转化率的最好途径是将 SEO 与自媒体结合起来。一言以概之：SEO 带来意向流

量，自媒体增加信任，带来高转化率。

自媒体主要包括：博客、微博、QQ空间、微信、贴吧、视频。2008年8月，我在阿里巴巴上开通了一个博客，7年多来坚持不懈地写作，至今积累了近1000篇原创文章，总访问流量760多万。可以说，早在6年前我就是一个博客自媒体人。后来，我又先后开通QQ空间、微博、微信，由此建立了一个"博客、QQ空间、微博、微信"的自媒体矩阵平台，在这个平台上我几乎每天都要发布原创的文字。

我自创"SEO独孤九剑"：阿里SEO+独立网站SEO+博客SEO+论坛SEO+B2B SEO+问答SEO+文库SEO+视频SEO+微博SEO。在这9个平台上都设置了大量的关键词。这些关键词经过SEO优化，在百度、360、搜狗等搜索引擎上有着很好的排名。

通过SEO，做好关键词的自然排名，诚然可以带来不错的客户询盘和订单。同时，如果做好SEO，又有自媒体做支撑，那转化率可以提高10倍以上。因为自媒体里有着原创文字，潜在客户通过关键词搜索进入你的自媒体平台后，他们反复地阅读你的文字，就会对你产生极大的信任感，信任感一旦建立起来，转化率就会相当高。

要如何把SEO和自媒体结合起来呢？

（1）根据我所讲解的方法，搜集几百个、几千个甚至上万个长尾关键词设置到9个平台上，让关键词信息全面占领百度、360、搜狗前十页。

（2）至少开通博客、QQ空间和微信这三个自媒体平台，把搜索流量全部导入到这3个平台当中。

只要做好以上两点，客户订单自然源源不断地涌来，你将永远不缺客户。

第4章

网上卖东西的技巧

在传统销售渠道中，卖东西除了选择人流大的地方大声吆喝外，就是在媒体上做广告。而在网络销售渠道，首先我们一定要转变思维，网络不仅仅是一条渠道，不是把商品搬到网站上就行了，而是所有的营销推广吆喝方式都发生了变化。

本章主要了解

- 网络营销的技巧
- 网络卖货也需从传统卖货取经
- 仅仅靠花钱推广不是万能的

| 4.1 | 忽悠不是网络营销

在网络世界里有太多的广告，你所要做的是如何不用那些传统的广告方式，而是用网民最能接受的方式去赢得他们的信任，从而把自己的产品卖出去。只要你的东西确实不错，就要考虑如何成功地去推广它。

一切都是有前提的，那就是你的产品或服务确实还不错，这是最基本的。如果你的一切营销努力都建立在欺骗的基础之上，那么无论你多么成功地推销产品，都会是一次性消费。即便有人被你的推广吸引来，也会因为你的产品质量太次而选择离去。所以，在开始网络营销推广之前，第一个要明确的就是你所要卖的东西必须价廉物美，而不是和电视购物广告中卖的那些所谓的真钻手表和超强功能山寨手机一样，靠欺骗顾客来赚钱，结果只是一锤子买卖。网络营销推广不仅仅是把你的产品推销给顾客，更关键的是要树立良好的口碑，不仅仅让他们成为回头客，更要让他们的朋友也都成为你的顾客。如果能够让他们在现实生活中的朋友，哪怕不上网的，也成为你的顾客，这将是一次完美的营销推广。

大家来看一个有趣的案例。

微博营销刚刚流行的 2011 年，当我某个晚上打开微博的时候，迎面而来的是三封私信。我当时就在纳闷了，哪位大神这么关怀我？让我颇为受宠若惊。打开一看，三封信尽管发信人不同，但都是认证的实名用户，并且其中一个是网络推广企业的官方微博，目标都是让我转发这条微博。微博的内容很简单，是说奥巴马的奶奶竟然穿着中国品牌保暖内衣，为什么87岁的肯尼迪老人偏偏热衷中国制造呢？想探究一下原因。尽管这条微博在我打开的时候已经有了超过600次转发，其中不乏一些认证用户的点评，显而易见，这是一条带有隐藏广告的微博，目的是推出这款国产保暖内衣。在微博炒热之后，自然会有企业宣布对奥巴马奶奶的内衣负责，那时候效果就水到渠成了，一款内衣借助奥巴马奶奶红了，与早前的奥巴马女郎一样，而后续发展也确实顺着这个轨迹在运行，只是没红。

如果没有这些私信，而是我在微博上看到这则信息，我可能会被忽悠，毕竟每个人都有好奇心，包括我在内，都会去想为什么奥巴马奶奶会穿中国保暖内衣呢？当然可能她是无意识地从超市里随意选购了一件。其实，这个营销有一个很大的破绽，没有人去脱她的内衣，又如何知道是中国品牌？这些怀疑无法证实。尽管十之八九是个假新闻，但作为中国人，多少会被所谓的民族自豪感冲击，乐意相信虚假的神话，就和早前被方舟子揭批的荣获美国总统奖的华人女孩神话一样。

尽管这条保暖内衣的微博表面上很红火，策划看似很有噱头，却没有引起更大的连锁反应，没有任何媒体对此事进行报道，也没有看到更多关于这个品牌的信息，这的确是低估了公众的鉴别能力。只要稍微思考一下，就会知道微博过于做作。后来，我通过搜索引擎检索，发现仅几个所谓的网络营销培训讲师在其课程中选用该案例作为成功案例进行介绍。

从某种程度上来说，现在的网络营销确实泥沙俱下，有太多的商品都希望借助噱头的魔力一夜成功，以至于走入魔道。或许有人会举出反例，比如苹果的时髦饥饿营销，就着实让其产品更加畅销，而效仿者如小米，通过各类饥饿营销和网络抢号手法，也成功地奠定了在中国手机行业的地位。但有一点别忘记了，苹果的产品口碑绑定着让对手无法企及的创新精神，而小米的产品口碑则绑定着让同行很不爽的便宜和好质量。没有这种好产品的积淀，他们的营销术就很难成功。不然，为何其他许多不注重产品品质，一味饥饿营销的模仿者，最终消费者一点都不饿，反倒是最后企业自己饿着了呢！

综上所述，可以掌握网络营销推广的两个基本原则：一是你要营销推广的确实是好商品，二是营销推广的过程中不能带有诈骗的味道。如果你想做的仅仅是以次充好和欺骗消费者，那么你现在该做的是放下这本书。

| 4.2 | 任何东西都能网上推销

网络营销有产品限制吗？或许有，或许没有。号称一切都可以卖的电子商务，其实是有一定的产品限制的。比如快递的配送尚无法达到十全十美的冷链服务，生鲜产品的网购比较麻烦，比如在网上买一斤上好的新鲜猪肉，但通过飞机从千里之外送来时，它可能已经开始发臭。

网络营销并不是电子商务，这个概念很多人会混淆，包括许多开班授课的网络营销讲师。电子商务是让东西在网上卖出去，偏重于实物。而网络营销则是让东西通过网络推广出去，它可以是实物，也可以是理念，比如口碑或品牌。在这个概念下，网络营销的领域就更广阔。比如周星驰的经典喜剧《国产凌凌漆》，大家不妨套用时髦的互联网卖肉模式来推广网络营销版的国产凌凌漆。周星驰依然还是个肉贩，只不过现在他每天在微信上分享自家的肉如何新鲜，偶尔也会分享自己特别的经历和高超的刀法。"附近的人"里有些家庭主妇，闲来无聊就看到了他的微信，于是觉得"像你这么出色的男人，无论躲在什么地方，就好似漆黑中的萤火虫那样闪亮。你忧郁的眼神、唏嘘的须根、神乎其技的刀法、仲有那杯 Dry Martin，都彻底地将你出卖。"这段电影里妓女形容周星驰的经典台词便互联网化了，成为他微信粉丝们和朋友之间谈论的又一个闺蜜话题。很快，他凭借"猪肉王子"的雅称和真正货真价实的猪肉质量，赢得了更多的粉丝，卖出了更多的肉……

这样的剧情是否似曾相识？如果你关注互联网话题的话，就会发现诸如玉器妹、馅饼哥之类的网络红人，大多都是如此走进大众关注焦点的。当然，他们可能不是用微信平台，而是通过微博或其他网络营销渠道。也有在背后推手推动的过程中，并没有想着帮忙叫卖玉器或馅饼，只是纯粹想打造网络红人。无论如何，网络营销的最后结果是引发了现实中许多人到他们所在的店铺围观，光看可不好，难免要买点东西边吃边看，如此一来二往，就带来了销量，但未必支持网上订货。他们在网络上营销的是什么？或许可以称之为无形的口碑和品牌。

由此可以逐步树立一个观点，除了茶叶、服装之类常见的生活必需品，从网络营销的角度来说，没有什么是不能在网上推广的。试着看看小众商品，比如助听器，这是老年人专用产品，它的市场很小，而且网络看起来并不是合适的推广地，毕竟上网的老年人比较少，不如在电视上打广告更有效。

为什么不能让助听器变得更酷一些呢？比如借助世界杯。2010 年的世界杯是一场噪音大战，无比喧嚣的呼呼塞拉成全了另一个行当——耳塞商人。一场小投入的网络推广让本来属于老人

的助听器变成年轻人的宠儿。全球顶尖的听力设备生产商瑞士锋力集团，通过 Facebook 和网络新闻进行了一场传播，将这种时下最流行的球迷助威工具拿到隔音棚做了检测。这家志在让人们意识到听力的重要性以及失聪后果的机构得出结论：呼呼塞拉超高的音量，会对世界杯球迷和球员们的健康造成直接的损害。

与之相对应的是，锋力在网络宣传中没有再使用助听器这么一个让年轻人听起来极端刺耳的词汇，而是换了个说法"私人交流助理"，同时助听器也不再是古板的老三样，而是全新设计的有着多种亮丽颜色如同 iPod 一样造型时尚的时髦款式。借助世界杯的噪音，锋力让自己顺势飙升。锋力还特意定做了一套保护设备，该设备使用了目前最先进的助听技术，可以帮助使用者过滤掉呼呼塞拉的声音。这打开了一个空前的市场，谁说助听器只能扩音，它还可以调解音量。

这就是网上营销的魅力，只要你的东西确实不错，你就要考虑如何成功地推广它。在网络世界里有太多广告，你所要做的是如何不用那么传统的广告方式去推广你的产品，而是用网民们最能接受的方式去赢得他们的信任。一个好的网络推广创意将可以让自己的产品快速地卖出去，而且花费还很低，比如锋力的这个创意推广，如果是在过去，没上千万美元在报纸、电视上打广告，根本无法做到家喻户晓。并且在世界杯期间广告更贵，而通过 SNS 社交网络发布信息，营销的花费比在传统媒体上宣传的零头都要少得多。这一切都是有前提的，那就是你的产品或者服务确实不错。这个前提，必须重复强调，因为这是一切营销的基本立足点。

现在可以给网络营销下个定义。网络营销是什么？从狭义上说，就是在网上卖东西，把商品卖给网民，这是最直白的网络营销。从广义上说，不仅是在网上卖东西，而且要在网民中建立产品的口碑和信心，网上卖的只是一部分，吸引网民到现实生活中购买你的产品是另外一部分。总而言之，网络营销就是让你的产品被所有的网民接受，不管他们是在网上购买还是在线下购买，他们对你品牌的熟悉以及对你商品的购买欲望，将有很大部分是来自于网络。只要不是违禁品，网上都可以卖。

在网络营销中有一个突出的特点，那就是长尾。一个超长的尾巴，让任何商品都可能通过网络推广成为一部分人选择的需求所在。原则上，只要存储和流通的渠道足够大，需求不旺或销量不佳的产品共同占据的市场份额就可以和那些数量不多的热卖品所占据的市场份额相匹敌，甚至更大。实际上，这个理论是存在很大的扩展空间的，长尾理论的要点应该是"许许多多的小市场聚合成一个大市场"。

这种趋势在传播上的投射就是：畅销书依然存在，但是远不如以前，出版物的品种却越来越多，读者也更为小众；广告由"广告"时代逐渐进入了"窄告"时代，传播的技术越来越复杂，制造大热点越来越难；媒体从大众媒体进入了"小众媒体"或是"分众媒体"，网络的本质也是一种自助媒体，无数的业余人士自己制作评论、新闻、小道消息、见闻、感想、视频等，这些正在聚合并上升为能和大众媒体抗衡的力量。

在营销市场上会更加深切地发现这一利好。过去买一本书，除非它是畅销书，否则很难在书店里找到。比如张恨水的《八十一梦》，张恨水的小说很多，可《八十一梦》基本上在书店里难以找到，因为它不畅销，而且已出版半个世纪了，早就没有多少读者知道了，书店不会将它放在书架上。但网络给了我们机会，比如用百度去搜索、去淘宝网或卓越网上查阅，总能看到《八十一梦》，也能买到它。它的销量很少，但如果几十种

《八十一梦》这样的非畅销书聚合在一个网络古旧书店之中呢？加在一起的销量就可能超过这个店里的一本畅销书，比如《激荡三十年》。网络给了一种可能，即小众商品一样能够卖得好。特别是对于一些创业者来说，在网上卖宝洁的产品，可能根本卖不动，但是如果卖的是特色化的个性饰品呢？尽管每个购买者的要求数量都不会很大，但积少成多，网络能提供无限可能。当然，畅销的热门商品效果更加显著。

长尾定律尽管较多的在电子商务层面被应用，但在网络营销上其应用的范围更广，因为想要通过推广所销售的产品，并不一定非要在网上出售，从而使得推广可以摆脱当下电子商务的产品局限，真正实现一切都可以推广的全能上帝模式。那么在这个长尾上，还有什么不能在网上卖呢？还有什么不能推广呢？哪怕是十分个性化的商品也同样有市场，因为网民数以亿计，总有人会喜欢你的东西。关键是如何让足够多的人，特别是对你所卖的东西有需求的人知道你有这个东西，这就是网络推广的真正含义。让长尾上所有的人都能够看到这个尾巴，哪怕是最末端的尾巴上那一小点非主流商品，只要你成功推广，就可以从中获利。

| 4.3 | 扫地老太太的营销经

或许你会觉得便宜的东西在网络上总是有市场的，哪怕它再稀奇古怪。比如趣玩网能够较好地维持就在于这点，单个有趣的商品肯定难以形成大批量的利润点，但趣玩网上有数以千计有趣的玩意，总有一款你喜欢。表面上单件销售不太理想，但集合成百上千种销量不理想却多少有点买家的产品，网站的整体收益自然就上来了。

通常来说，大部分网民都有一个惰性思维，那就是上网是买便宜货，哪怕仅贵一点的商品也兴趣索然。当这种心理成为网络上普遍泛滥的情绪时，网络上最为喧嚣的内容就成了打折和团购，尽管现实社会物价飞涨，放眼看去网络世界似乎一切商品都在贬值，尽可能地便宜。几百元的商品在网上很难给力，几十元的所谓团购价让网民有点发烧。相对应地，曾经一度被炒得很热的奢侈品网站，却围观者多，消费者少。

贵的东西，哪怕品牌再吸引人、质量再好，是不是在网上都会遇到不可避免的挫折呢？在 2010 年年末的一段时间，我加盟的电子商务公司龙博微代理的新款服装在淘宝上开了一家网店，但运营一个多月没看到特别大的销量。为此我出了不少营销的主意，却依然遇到不小的阻力。如果说营销推广上不得力，倒也谈不上，毕竟电子商务已经打成了红海，想要成功，并非一两个有创意的策划能够实现。尽管产品本身没有多少知名度，推广起来颇为费力，但几个比较成功的推广会让围观量提高不少，其中一个策划是"扫地老太太"。在一段时间颇为红火的无厘头式话语，恰恰是给这款服装做的策划。最原始的版本是在程序员中流行的一段话："据说在每一个互联网公司里，都有一个扫地的老太太。很偶然地，当她经过一个程序员的身边，扫一眼屏幕上的代码，会低声提醒对方说：小心，栈溢出了。"

2010 年 12 月 28 日下午 5：30 龙博微在官方微博上发了一条无厘头的信息："据说在每一个女装店里，都有一个扫地的老太太。很偶然地，当她经过一个选购女装的客人身边时，看了看她选购的女装，会低声提醒说：小心，这件衣服是仿制 XX 的。"这条微博起初没有多少影响力，但龙博微巧妙地联络了一大批微博用户，开始泛滥地制造类似的信息。

（1）据说在每一个保险公司里，都有一个扫地的老太太。很偶然地，当她经过一个内勤员工身边时，看了一会电脑上的每日业绩龙虎榜，会低声提醒对方说：小心，别高兴得太早，预收保费任务是完成了，可是你再看看柜面实收保费的数字。

（2）据说在每一个报社采编区，都有一个扫地的老太太。很偶然地，当她经过一个记者身边，扫一眼屏幕上的文字，会低声提醒对方说：小心，标题歧义。

（3）据说在每一个编辑部，都有一个扫地的老太太。很偶然地，当她经过你身边，扫一眼屏幕上的 CMS，会低声提醒：小心，专题链接应用 target=_blank。

（4）据说在每一个部委里，都有一个扫地的老太太。很偶然地，当她经过一个处长的身边，扫一眼屏幕上正在起草的批复文件，会低声提醒对方说：小心，送报告的这主儿刚刚双规。

为了让此次事件更有娱乐价值，最初的舆论引导依然将策源地误导在程序员的那段流行语之中，而将龙博微的商业目的隐藏起来。通过巧妙的引导，到 2011 年 1 月"扫地老太太"在新浪微博话题榜中攀升至第五位，共计约 13 000 条微博提到这位神秘的民间高手。

此刻正是解密的时候，通过第三方表述，公司巧妙地在博客、论坛和网络新闻上发布了一条《爆红网络的"扫地老太太"元凶找到了》的消息，并撰写了相关的百度百科进行造势，将舆论的焦点转移到这款服装上，同时发布相关的扫地老太太漫画，如图 4.1 所示。该淘宝店上的到访率很快从每天一百多飙升到每天四千以上。但遗憾的是，商品转换率并不高，只有百分之一而已。之后通过总结发现，在淘宝上销售此类价格五百元以上乃至上千元不等的女装，对于主流是淘便宜货的网民，确实不给力。尽管微博推广的时候，目标人群高度集中，主要针对白领阶层，但效果依然不太明显。

图 4.1　龙博微制作的扫地老太太漫画

　　以上案例并不代表贵的东西难以在网络上销售，只是在淘宝上因为登录该网的消费者不是冲着奢侈品来的，所以很难实现。但配以合适的平台，通过合适的营销手段，就能够获得成功。那么该如何做呢？难道贵的东西真的无法在网络上进行推广吗？未必如此，推不动，只是没找到入口而已。国外的奢侈品推广，或许能够给大家带来一点启示。

| 4.4 | 再贵的东西也卖得动

　　在国外，对于奢侈品品牌而言，网购已经不陌生。创建于2000 年的 Net-a-Porter.com 用网络杂志的形式展示商品，赢得大批冲动购物的消费者。只要坐在家里刷刷信用卡，一辆黑色小车就会把东西送到家门口。"十年前，谁都不信有人竟然愿意在网上购买那么贵的东西。Net-a-Porter 做到了。"在伦敦的一位奢侈品行业咨询顾问 Imran Amed 如此评价正在刮起的奢侈品网上营销风潮。

奢侈品的网上专卖不是一成不变的，它们针对网上群体的特色方式进行推广。比如，网民对于产品外包装的需求不是很强烈。如果在现实中购物，当然需要一个不错的包装袋，提着满大街闲逛，让别人都知道自己买了这么棒而且这么贵的东西，炫耀一番。可是在网上购买，一切都是邮寄过来的，不再拥有这一层炫耀的内涵。一家销售昂贵皮具的奢侈品公司就针对这点，在细节上做了一次巧妙的营销。

这家皮具奢侈品公司从 2008 年年末开始采取了更为节俭的包装手段——把用丝带包扎好的黑色纸盒改成了可循环牛皮纸袋。这是营销策略，他们在网络上到处打广告，给老客户们发电子邮件，甚至在平民论坛里发布很多惊爆眼球的帖子。目的是告诉消费者，选择丝带包装盒将享受现实消费的 9 折优惠，如果选用牛皮纸袋，为环境保护做一点贡献，公司将因为你的贡献，给你更多优惠，同时还将把盈利所得的 10% 以你的名义赠给环保机构。

这一策略很容易打动更多的消费者，该信息通过网络新闻、论坛、电子邮件，甚至在购物者进行炫耀的网络视频上疯狂传播。几乎所有的推广都是免费的，因为各个网络媒体对于奢侈品牌都很关注，特别是这一有趣的动向，以最快的速度传递到了每一个网民面前，极大地激发消费者的热情，原本被奢侈品的价格所困扰的人们因为网购和实体店销售的价格差，外加简易包装的更大优惠以及附带的环保公益，产生了相当强烈的购买欲。执行这一策略后，皮具奢侈品公司的网上销售很快达到和实体店同样的水平，至于中间损失的差价，较之实体店的门面租金来说，根本是九牛一毛。要知道，这个奢侈品的实体店都是开在华尔街、第五大道、银座等国际顶级地段之上。

上面的例子是网络推广带动消费，大家或许会认为这个品牌有强大的会员体系和庞大的地面店进行支撑，有强有力的口碑积淀，所以运作起来十分容易。如果是个全新的品牌或者是个单纯的网店，没有任何老顾客会员，更谈不上消费者心中的口碑，尽管货品质量极好同时也极贵，那还能推得动吗？确实，这样的忧虑并非没有道理，却未必能阻止网络营销的脚步。另一个在国外很有名的案例则颇为生动地说明了网络营销推广的强大力量，也说明了网络推广大有"钱"途。

GiltGroupe 是国外一个新兴的奢侈品网购网站，当这个网站的创始人 Natalie Massenet 开始筹划一切的时候，她一贫如洗地前往世界各地的工作室和时装展厅，乞求设计师们把作品放在她的网站上卖。她所能够给出的承诺只有一样，那就是会尽全力在网上推广这些品牌——各种手段的推广，她确实费心尽力在网上对这些品牌进行了卓有成效的推广。短短几年，这个网站几乎拥有所有的重要品牌，包括 BottegaVeneta、Fendi 和 MiuMiu。

网上购物体验与在实体店购物完全不同，这是不争的事实。要买便宜货就要做好充分的准备。GiltGroupe 会在上午 11:50 准时向大量会员发出邮件，其中列出部分即将在正午 12:00 限时抢购的货品照片。到 11:59，该网站的访客人数将达到 3 万至 5 万，只等正点钟声一响，就开始下手。大部分货品会在一小时内售罄。几乎她网站所有的会员都会把这个时间段让出来收看邮件。

这是一个颇为成功的电子邮件营销策略。在会员许可的前提下进行一场目的性极强的邮件公关，而消费者对此乐此不疲。这恰恰是创始人承诺的网络推广策略之一，即通过电子邮件进行一场挺进消费者内心的战斗。

在 GiltGroupe 最近一次减价销售中，标价 3 万美元的礼服卖到了 3500 元，原价 2 万美元的钻石项链只卖 9000 元。折扣额很高，总的销售金额相当惊人。在 GiltGroupe 公司位于纽约布鲁克林的总部，工人们忙着上传大量抢手货的图片。每个款式有多少存货、分别是哪一季的设计——这些信息在网站上都找不到。顾客需要了解的是，所有货品的抢购时间只有短短 36 小时。而这次的降价销售，是通过社交网络 Twitter 和 Facebook 进行的一次信息传递。当一个明星在微博上讲了一句关于她今天上午在该网站低价购买到一件晚礼服，准备参加几天后举行的电视节时，有几十万微博用户关注并进行了转播，很快无数人知道这一次 36 小时的降价。当然，这次微博营销是有花费的，因为这个明星恰恰是网站的代言人之一。

在一次调查中，受访者需要谈一谈他们对奢侈品品牌与互联网关系的看法——奢侈品品牌应当怎样在互联网上进行推广和营销？34% 的受访者认为"新型广告"是最有效的途径——在品牌官网上播放网络短片是其代表，在 gucci.com 和 tods.com 都能看到这类短片。排名第二的方法则是与时尚相关的博客写手合作推广，灵活运用 Twitter 和 Facebook 等社会化媒体，27.4% 的受访者推荐这类方法。

GiltGroupe 网站的例子透露一个信息，即网络推广的成本可以很低。GiltGroupe 网站创始人在起步之初囊中羞涩，自然没有能力为自己的网站去打广告，但她非常成功。因为她运用非常好的网络推广策略，从而让自己的网站即使是卖奢侈品也可以门庭若市。这给了大家一个机会，连奢侈品都可以在网上卖得很好，连原本很小众的产品都在网上变得有点大众化，而且并不是一味以降价来吸引买家，那么还有什么不能通过网络进行营销呢？所缺少的只是一个切合实际的创意和推广方式而已。

因此，在网络营销中可以确定一个关于产品的结论：东西的属性是奢侈还是廉价，并不影响推广效果，是否有特色或能否在寻常产品中挖掘出特色卖点才会影响到推广效果。

| 4.5 | 特色化永远是营销的卖点

在淘宝网上有一个店铺很有趣，我喜欢光顾。据说老板毕业于高等艺术专业院校，知道她的网店是在某年的情人节，我想给女朋友购买一盒特别的巧克力，既不是金帝，也不是德芙。原因很简单，女朋友网名恰好是一个巧克力的牌子，在去年情人节我就给她买了大众品牌的巧克力。这个情人节我希望有点创新，于是随意在百度上搜索关键词"DIY巧克力"，出现一百多万个搜索结果，多得有点惊人，然后我选了"百度知道"，关键词是"DIY巧克力、北京"。北京是大都市，选择面较广。结果看到这个有意思的淘宝店，在"百度知道"中的一个关于北京是否有DIY巧克力店的问答中找到链接。

从店里给出的图片可以看出店主是个很有品位的人。为什么我会点击这个网店呢？原因很简单，"百度知道"的问答给出一个亮点——DIY照片巧克力，问答中明确地告诉，这个店的招牌

特色"菜"是让你把照片也 DIY 在巧克力上。在这个网店里，我看到了很多用照片 DIY 出来的巧克力，它们各具特色，通过聊天软件我和店主聊了一会儿，她表明我可以定制各种造型的巧克力。如果我的女朋友喜欢听歌，可以将我俩的合影做在一张 CD 造型的巧克力上；如果她喜欢篮球运动，可以做个篮球造型的巧克力。如果有必要，还可以让我在北京的朋友去她的实体店现场观看制作效果，看来她对自己的手艺很自信。

因为我对网络营销比较感兴趣，便在定制了一个由两个嘻哈猴的外形配上我俩大头贴的巧克力之后对这个店的情况进行了一些了解，原来她的网店是当年淘宝网上的十大新锐网商之一。

或许很多人会说，这个店卖 DIY 制品很小众，这种定制费时费工夫，而且价格又不太高，成本降不下来，并不会有多少利润可图，她如何能成功呢？但仔细分析店主的营销推广策略，就不难发现网络推广的好处。

如果仅仅是实体店，当然这样的 DIY 会很有局限，就算是在北京这样的千万人口城市，也很难有大"钱"途。毕竟对于 DIY 有需求的人太少，有需求的大多是比较讲求生活情趣的都市白领，但他们未必知道这个店。但在网络上则不同，它的市场空间很大，不仅面向北京的人口，还面向整个网络数以亿计的网民，市场很大。如果产品确实不错，就一定有市场，关键是如何让网民们知道这个店的存在。

店主很有策略地在网络推广上下了一番工夫，她的产品不需要进行大规模的网络广告，那会得不偿失。毕竟在一万个浏览网页的网民中，可能只有十几个乃至几个人对 DIY 照片巧克力感兴趣。她不需要被动接受的网民群体，而搜索引擎的使用者一定是主动检索的，也是确实有意向的顾客。只要她成功进行搜索引擎优化（简称 SEO），将 DIY 巧克力和 DIY 照片巧克力的搜索结果指向自己的网店即可。

很简单的营销策略蕴含着一个大道理，即长尾理论。互联网提供了一个长尾理论的舞台，通过搜索引擎和网络广告，可以将非热门产品和非热门需求巧妙地结合，将分散的需求和分散的供应结合，从而开拓一个市场。或许在现实世界中，你要购买一个自己特定需求的产品很难，比如我要定制个性化巧克力，在我所处的地方很难实现，一个单纯的 DIY 实体店很难在这么小的需求环境下生存。但网络却很容易地将非热门商品展示在我的面前，从而让千千万万个像我这样的消费者，成为她网店的忠实顾客。聚沙成塔，非热门商品就这么出炉了。

只要你成功地运用了合适的推广策略，即使是非热门商品都能够在网上卖得不错。那么热门商品又会怎么样呢？答案显而易见。因此，要成功地进行网络营销，制订一个适当的网络推广策略绝对是第一位的。在网络上"酒香就怕巷子深"，你躲在一个谁也找不到的地方，产品肯定卖不出去。

4.6 网络营销推广特色鲜明

从 DIY 照片巧克力中，可以看到网络营销推广的一个核心概念——创意。如果你仔细研究一下每一个在网络上成功推广的案例和通过成功推广带来巨大实际利益的案例，不难发现，一个创意的精灵是每一个案例的共同支点。

DIY 照片巧克力的创意在哪里，是如何在推广中结合自己的产品卖点进行特色化的营销？巧克力并不稀奇，DIY 巧克力也不是特别新鲜的事情，店主人却利用照片这个特色的东西融入 DIY 巧克力，让巧克力真正个性化，这就是她的卖点，也是她推广的主旋律。有了这个卖点，在推广中再制订一个适合消费群体需求的推广途径，既不选择网络广告，也不选择无针对性的网络新闻，而是利用搜索引擎强大的一对一功效，再结合一定数量的网络视频，比如 DIY 巧克力的制作现场，一定的博客口碑宣传，让人们在搜索过程中看到，更加强化对这个店的信赖程度，也有助于这个店在网络搜索中优化搜索引擎结果，从而让每一个对于这类产品有需求的消费者都可以看到该网店的推广。

DIY 照片巧克力是几年前的案例，那时候还没太多人用社交网络。换到当下的环境，SEO 可以继续保持，毕竟这已经是一个带来效益的推广渠道，但同类竞争者已经很多，要加入微博、微信上的推广，并同一些新老顾客进行"作品"交流，在对方允许的条件下公开在社交网络上聊聊，将会更加吸引眼球。

综合这节的几个案例，可以看到网络推广的几大特征。

（1）不受时空限制。互联网能够超越时间约束和空间限制进行信息交换，使营销推广脱离时空限制交易变成可能，每时每刻都有人上网，而每时每刻你的推广都可以展现在网民的面前。比如，任何时候搜索 DIY 巧克力，我都能看到有关她的网店搜索结果。

（2）多种营销形式。互联网可以传输多种媒体的信息，如文字、声音、图像等信息，使得为交易进行的信息交换能以多种形式存在，比如 DIY 的过程可以变成网络视频，增加人们的直观感受；茶叶买卖时可以给茶叶拍照，供人仔细查看成色；风景可以做成 Flash 小动画或小游戏，让人在游戏中去参观你的风景区，香港旅游局做过这种营销。总之，网络的表现形式十分多样化，不怕做不到，关键在于可能想不到。所以，要充分发挥营销人员的创造性和能动性。

以前很多营销人员颇为热衷在互联网上讲故事的模式，称之为信息图，即用图像的形式表现需要传达的数据、信息和知识。这些图像可能由信息所代表的事物组成，也可能是简单的点、线等基本图形。它的特点是直观、形象。比如腾讯新闻推出一个被称作"新闻百科"的栏目，用图解的方式来说新闻，哪怕是非常枯燥的嫦娥登月数据信息，也可以让人很容易接受，如图4.2所示。

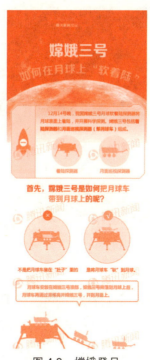

图4.2　嫦娥登月

图解嫦娥登月很直观，现在这种模式有了升级版本。随着移动互联网带宽的增加以及视频营销手段的普及，越来越多的市场人不再满足于信息图。他们开始尝试用视频的手法来讲故事，尤其是那些内容颇为枯燥的故事，因为视频中动画、配音等不同的表现手法可以让这些内容更加有趣。可口可乐的《内容营销2020》其中一个有名的案例。2012 年，两段题为"Content 2020"的视频概述 2020 年前可口可乐内容营销的新举措及如何执行计划。在这两段视频中，可口可乐令人兴奋地把与内容相关的词汇如"创意""对话""创意文化"等，与谈论投入的词如"资源""利用"等放在上下文中。

这段分为上下两段共 18 分钟的视频，用手绘漫画外加一些动画效果把原本枯燥讲述可口可乐在 2020 年前的内容营销战略的内容表现得非常"酷"，如图 4.3 所示。

图 4.3　可口可乐的《内容营销 2020》

可口可乐信息视频很有特点。那么是不是这样的模式难度很高呢？相关视频的制作技巧，在后面的视频章节中会详细讲述，笔者在这里只介绍一个简单的办法。信息视频，不一定非要做成可口可乐的模式，还可以有其他的实现形式，比如沙画，用沙画的方式表现现在已经成为企业宣传的一种方法，成本还算低廉，相同时长的沙画制作价格，相当于同类专题片的 1/10。还有一种是 PPT，它很便宜，商家自己能完成。将 PPT 制作得更有动感并不难，以自动播放 + 配音乐的方式出现，然后通过相关视频转换工具，变成视频即可。如果还想省事，在播放 PPT 的同时，直接用屏幕截取视频软件，将其截成视频即可。

（3）个性化的交互式沟通。互联网展示商品图像，通过商品信息资料库提供有关的查询来实现供需互动与双向沟通，还可以进行产品测试与消费者满意调查等活动。互联网为产品联合设计、商品信息发布及各项技术服务提供最佳工具。互联网上的促销具有一对一、理性、消费者主导、非强迫性、循序渐进等优点，现实中推销员强势推销的模式不可能存在，比如可以通过聊天工具与店主就 DIY 的方式进行明确探讨，也可以在论坛中详细浏览茶叶店老板在选购茶叶中的辛酸，像是朋友一样了解对方，在聊天和信息提供中营销人员很容易与消费者建立长期的良好关系。

宝洁公司和联合利华各为旗下分支品牌开设了大量微博，而其中两个主要微博，粉丝量天差万别，原因在于沟通。截至 2013 年 4 月，"海飞丝中国达人秀"的微博账户上，5000 条微博的总粉丝数目为 106 万。而联合利华旗下的"力士闪耀秀发"只有 16 万粉丝。为什么差距如此之大呢？一个微博用户给出一条非常简单的理由：海飞丝的微博写得很生动，最关键的是只有宝洁的微博会给我回复。仅此一项足以逆转一切。这也是网络营销的意义，能够互动交流，而不像传统媒介那样单向灌输。

（4）要有最基础的计算机技术。网络营销推广是建立在以高技术作为支撑的互联网基础上。要进行推广，必须有一定技术支持。如果你不是这类人才，那么就要找既懂营销又熟悉计算机技术的复合型人才，否则网络营销推广将无法开展。至少要会上网，如果只会 QQ 聊天、只懂装饰 QQ 空间，或者只知道如何在网上打麻将或德州扑克，那么就得好好学习了。

有计算机技术的人在网络营销中可发挥的空间更大，同样以宝洁公司的微博为例。"以前做微博，就是 @ 好友，然后发奖品，很快大家就忘了这条微博。对品牌美誉度没有任何好处。"宝洁大中华区传播及技术市场部高级经理乌维宁在 2013 年如此评价前面讲的微博营销。那如何突围呢？他们将海飞丝的另一微博——"海飞丝实力派"设计为可以供网民们随时参与的游戏应用，这款游戏应用很实际，归结为"打怪、升级、爆装备"。鼓动粉丝完成层出不穷的任务，视为"打怪"；成功后给予粉丝可积累的回报以应对更重的任务，视为"升级"；至于"爆装备"，即是通关之后获得实物奖励。在如此诱惑下，其粉丝数目一个月内提高到 57 万。这里有技术的力量，还必须要依靠创意和网络。

（5）面向群体消费能力强大且数量众多。互联网使用者数量迅速增长并遍及全球，使用者多属年轻的中产阶级，这部分群体教育水平高，具有很强的购买力和市场影响力，他们使得互联网成为极具开发潜力的市场渠道。因此，进行网络营销推广，必须深刻掌握这部分人群的心理，知道他们想要什么、想买什么、想看什么。假如你是销售首饰的，如果想在网上销售中老年人的结婚纪念饰品，最好放弃这个推广计划，因为中老年人群并不是网民主力。如果你修改计划变成儿女孝敬父母的饰品礼物，主打孝心牌，巧妙结合网络推广的方案，将又是另一番天地。

由此得出结论：网络推广的载体是互联网，离开互联网的推广不能算是网络推广，而且利用互联网必须是进行推广，而不是做其他。很多人将网络推广和网络营销混为一谈，其实不然，网络营销偏重于营销层面，更重视网络营销后是否产生实际的经济效益。而网络推广重在推广，更注重通过推广给企业带来的品牌效应，目的是扩大被推广对象的知名度和影响力。可以说，网络营销中必须包含网络推广，而且网络推广是网络营销的核心工作。如果没有成功的推广，很难让产品在网络中销售出去。

（6）在欢乐中传播并创造产品。网络营销有一个很有趣的现象，就是它的传播过程可能很欢乐，而且可能创造产品。看看小米的一个案例。

2013年11月18日，小米手机董事长雷军在微博中说："小米新玩具，即将发布"，还附加一个圆筒形产品的图片，如图4.4

图4.4　微博发布

所示。这条微博顿时引发"米粉"的猜测：台式机、手电筒、路由器？还有"果粉"猜测是"豆浆机"，能直接从网上下单买豆子，还带有 WiFi 功能，甚至能接电话。有网友写了深情的文案："慵懒的清晨、加班的深夜一杯浓浓的豆浆给你如家的温暖！全部顶配：骁龙 600 四核 1.7G，2G 内存 /8G 闪存；手机遥控颠覆性的交互方式；WiFi 双频蓝牙 4.0；深度定制的 MIUI V5 豆浆版……"

雷军的微博已经成为广告平台，两天后，雷军揭秘这只是一款路由器。面对"果粉"关于豆浆机的猜测，雷军称："如果大家这么喜欢，我们可以考虑做小米豆浆机。"小米的员工甚至坦言："我们自己都想不到怎么才能做出一个智能豆浆机，豆浆机需要智能吗？需要 CPU 吗？需要操作系统吗？这种事情太奇怪了，我们自己想不出来，但是当我们让用户参与进来，无数的用户天马行空地帮忙出主意、想点子，就总能遇到一些很好玩的点子。最后，这个'小米豆浆机'在微博、微信、QQ 空间和论坛里面传播得很多。用户觉得很好玩，我们自己看了也觉得很好玩。大家都觉得好玩，就乐于主动去分享它、去传播它。不知不觉间，尽管产品到底是什么还没人知道，但是品牌的口碑已经传播开来了。"

故事的结局更有趣，豆浆机品牌九阳借势推出了一款和"小米豆浆机"一模一样的机器在网上销售。页面显示：这款豆浆机将从 17 日公开售卖，使用的名词是"公测"——这是小米公司发布手机时使用的词汇。同样足够欢乐，也赚足了眼球和销售。同时，11 月 21 日，雷军再发微博称："豆浆机行业老大九阳公司的老板王旭宁真的找我合作豆浆机，咋办？我们真的要做豆浆机吗？你要啥功能？我现在满头大汗……"

在整个案例中，大家看到了什么？是一种参与感，同时也是快乐传播。这其实是小米一直在做的，在早前他们的产品发布和销售中就发现，用户会积极通过社交网络进行二次传播。而在此次路由器发布中这一点也同样出现了，小米路由器工程机的测试用户，100%都会全程拍照记录下他们打开箱子，亲手组装这台独一无二的路由器的全过程，并通过社交网络分享给朋友们。他们分享的不是小米路由器，而是参与其中的成就感。

但更为重要的是，在互联网思维之下，来自网民的奇思妙想可以让整个营销更有趣、更具创造性，甚至创造出一个全新的产品，这同样是传统推广单向式传播所不具备的。在此基础原则上，你是否要开展一场网络营销推广？你的产品是否适合在网络上进行推广？你是否具备开展网络营销推广的条件？

【思考一下】如果你是一个二线城市的汽车配件经销商，很显然，你的产品不大可能在网上直接销售，那么你会选择在网络上推广吗？请注意，你的销售目标群体是在本地，而网络的覆盖面有可能会到你意想不到的城市中或者根本不可能做销售服务的人群中。

| 4.7 | 花钱买不来影响力

大家或许又要提问：综上所述，什么样的东西都可以进行网络营销，无论是奢侈品还是廉价品，而且费用也可以在推广者的独具匠心之下实现低成本甚至是零成本。但仅仅如此，就可以成就奇迹吗？那么多一夜成名的东西，最后也几乎一夜消失，就如同流星一般，网络营销似乎能够造星，但造就的也许更多是流星，而不是明星。为什么会如此？该怎么做？

通过百度随意搜索"网络推广"和"网络营销"，能够看到数以千万计的链接，其中有很多是介绍如何进行网络推广和各个公关公司的广告。众多的网络推手也自称能够让企业的产品在网上的影响力提高，你所要做的事只有一件：花钱。潜台词则是：花得越多，效果越好。但是否真的如此呢？仅靠花钱来制造影响力，是网络营销推广的一种魔道。

一个做淘宝店的朋友诉苦：现在想要给自己的淘宝店引进流量，似乎只有花钱这一个办法，购买直通车、买站内广告位、参加帮派活动，无一不要花钱，而花钱的结果往往是投入 1000 元的广告费用，收获 200 元到 300 元不等的收益，往往得不偿失。但如果不花钱，淘宝店屏蔽百度搜索，外部宣传推广很难有直接效果，哪怕是很不错的商品，一样无人问津，毕竟淘宝店数量太多，自己完全被淹没在信息海洋之中。

就算是自建的电子商务平台，如果使用竞价排名，往往也是同样的效果。即使不使用竞价排名，而是单纯地选择 SEO 的方式，根据一些推广团队的报价，一个月时间内百度指数在 1000 左右热度的单个关键词，费用均是以万元计算，同样价格不菲。很多时候，如果用户本身对这个电子商务平台并没有使用习惯，引进的流量转换率也极低。一千个到站的网民，浏览时间在几秒的占九成，极有可能只有个位数的网民会选购商品。

eBay 和亚马逊等电商巨头是谷歌搜索广告的大买家。但 2013 年 eBay 进行的一项研究发现，谷歌搜索广告宣传增加的收入比预期"少很多"，eBay 的用户可能更多来自于直接访问网站或其他营销渠道（而非点击谷歌广告链接）。研究认为，实际上

eBay 每花费一美元购买谷歌广告，只获得 25 美分的附加收入，这等于是个亏本买卖。

这个案例说明什么？即使是在营销上运用的最为娴熟的电子商务企业，也无法直接靠花钱获得想要的效果。但至少这还是正面效果。而且 eBay、亚马逊等强势品牌，当他们建立消费忠诚度之后，也不再那么需要谷歌广告。但有时候一些品牌推广、事件营销往往会出现花钱未必见效果甚至出现相反效果的状况。

2011 年元旦，魅族 M9 手机全国首发。上海、北京、广州、深圳、珠海 5 个首发城市，都出现了千人排长队争相购买的现象，壮观的场面堪比 iPhone4 的热销。大量关于魅族手机热销和现场火爆的图片、文字见诸于各大网站和相关论坛，一时风头无两。而从公布的一些图片上看，其炒作的痕迹过分明显，最后落人笑柄，如图 4.5 所示。

图 4.5 魅族的排队摆拍秀

魅族的排队摆拍秀让炒作痕迹明显，随后一个移动互联网知名人士开始在微博中称，"各大城市所现排队长龙纯系水军引发，这也是魅族的一贯作风，只不过以前大家更多领教到的是在线上，这一次转到线下而已。"此言一出，立刻遭遇"煤油"（魅族粉丝）群起攻击，大量的论坛帖让这场骂战迅速升级。有圈内人士告诉我，这不过是一场双簧，骂战双方其实是同一战线，目的只是为了让这个事件更火。有争议的事件更能让网民关注，可以提高产品的知名度，把本来子虚乌有的排队变成真实的排队抢购。

在 M9 上市以前，魅族就借助"乔布斯"炒作了一把，魅族的相关高层在论坛上自爆"家丑"——魅族 M8 外观与苹果 iPhone 相似，与苹果谈判未能达成一致，遭到苹果 CEO 乔布斯的指责，魅族所在地的知识产权局要求其停止生产 M8，其目的依然是为了炒作。但这种看热闹的心理最终并没有如商家所愿形成庞大的购买力。因为造势太猛，将本来在中国就很少能出现的手机热销和连夜排队的状态"山寨"过来，并且在网络上大肆造势，人为炒作痕迹太重，演员演技不过关，结果花了钱、挨了骂，还赔上了品牌的名誉，最后也没有出现所谓的销售狂潮。

另一个有趣的案例是数年前，有一个想出名的富二代演艺新人，依靠家里庞大的财力与网吧客户端供应商达成合作，用近百万资金，将该客户端覆盖的网吧里所有电脑都换上她的玉照。当地媒体对这颇有些别样味道的事情进行报道（也可能是事主自己主动爆料），最后很快烟消云散，不了了之。庞大的花销如同梦幻泡影，这位新人没有像想象中的那样一夜成名。

类似这种火爆的营销，大多因为创意上的缺乏和执行力上的不足，以失败告终。比如说常用的 Windows XP 系统中内置的示例音乐，其中一首名为《人云亦云》的单曲是歌手戴维·伯恩的作品。在数字音乐兴起的 2001 年初，这首曲子搭载在 XP 平台上，立刻被数以千万计的 Windows 用户所熟悉。按理来说，如此强大的宣传效果，比每天上 MTV 更好，但结果呢？当年这首歌在用户电脑上不断唱响，并跻身年度最热门的网络歌曲十五强之时，收录这首歌的戴维·伯恩专辑却连全美销量百强都没有挤进去。其原因何在？想想看，你是否真的知道 XP 内置的示例音乐中每首歌都是谁唱的呢？同样都是搭载强而有力的宣传平台之上，前一个案例中演艺新人的失败或许可以归咎为知名度不够，成为流星，而后者本身就是美国流行乐坛的知名人物，传声头乐队的灵魂，追星之人众多，其影响力不小，但都以失败告终。关键原因是在泛营销层面上，无目标性的面向用户，尽管影响力庞大，但没有明确的受众指向；尽管形成影响力，但无法形成聚合力。而更为关键的是其营销推广，没有在泛营销之后巧妙地进行其他的营销策划和推广来吸引受众目光，没有点爆用户的兴趣点，从而创造出所需要的最大效果。下面再看一个反例。

20 世纪 90 年代一度非常盛行的第一代跳舞机，其第一关卡的音乐曾经因为跳舞机的风行成为大街小巷里随处可闻的流行音乐。在某种程度上这和前面的两个案例很相似，但这首名为《Butterfly》的快歌让瑞典的微笑姐妹（Smile.DK）组合一夜之间大红大紫，微笑姐妹更在全世界掀起一阵"青春无敌"的旋风，原本当时微笑姐妹的知名度并不高，因为跳舞机的风靡，她们成功借势而起。不过仅如此，同样可能陷入戴维·伯恩的烦恼之中，破解之道在于她们立刻在演唱会和所有活动中均以这首歌作为衔接，甚至还模仿跳舞机的动作，不断强化人们对这首歌的记忆，最终形成口碑效应。最后她们的很多歌都入选跳舞机的热门舞曲……其中《butterfly》堪称是最经典的跳舞机舞曲。

上述案例说明一个问题，哪怕是借势，也要借得巧妙，并不断地扩大借势后的效果，加深受众的印象，而不是停留在原地无所作为。毕竟，再轰动的新闻，再有力的营销，如果不强化其后续效果，很快会被人们忘记。人是一个健忘的族群，需要谨记：无论是怎样的网络推广，都是一个持之以恒的过程。只有持续不断地推广，并且是有意义地推广，才能够不断制造影响力，缔造明星。如果一开始就梦想着一夜成名，那再高明的网络营销，也不过是制造流星。

| 4.8 | 莫陷入点击和评论陷阱

在网络营销中，很多时候大家容易被表象所迷惑。我的朋友新书发售，因为是第一本书，所以很兴奋，有不少疑惑向我咨询。销售一周后，我们闲谈到他这本书，其书籍的目标受众是非常有购买力和针对性的，但由于种种原因，他很难及时了解自己这本书在读者中的口碑，毕竟是第一本书，难免有点忐忑不安。当他问起我此事时，我便仔细的帮他做了一番参谋，也共同发现了一些"笑果"，即来自其他方面的"自造"影响力。

点击进入这本书在卓越网和当当网上的销售页面，一个很有趣的现象摆在面前，卓越网上不过上架三天，便已显示销售一空，并在所有书籍的即时销售排行榜上杀入前两百名，俨然极好的成绩，让同样也出过书的我佩服。奇怪的是，在当当网上则是另一番天地，这本书连漫画类的新书热卖榜都没进，更甭提畅销榜了。一个天上一个地下，而两边书的价格是一样的，怎么回事呢？

很快我的这位朋友发现一个新情况，在卓越网和当当网的销售页面上，这本书的评论接近百条，其中大多数评论都是集中在一个时间发布的，而且内容还出奇地一致，只是评论的 ID 不一样而已。甚至有的评论还玩起了穿越，说在我这朋友的签售会得到的书，并立刻在网上补买了若干本，但评论时间却比签售会时间更早。这是因为当当网上的评论需要购书才能发布，而卓越网则不需要，结果就出现某种网络营销的潜规则。尽管他的书非常优秀，也有很多网民在早前看过部分内容后口耳相传，但这种刷评论的方式，由于评论者只为完成任务，而无所谓书籍是什么，结果大范围"节选"书的相关介绍和媒体书评，反而"画虎不成反类犬"，造成读者的不信任。我就在当当网上看到有读者评论我的书写道："如此多的好评，不是自己刷的吧，看过书后再来评论"。随着网民对这种自己刷点击、刷评论的方式越来越熟悉，自说自唱的行为还能有多大效力呢？只怕反而让网民对所有的好评均抱着不信任的心态。

　　类似这样的问题实在太多，而且很多时候都是商家自己灌水所致。稍微打假挤水，让假评论减减肥，可能吓到顾客。笔者是个胖子，因此对减肥产品特别情有独钟。为此，我成为网上商城健身减肥专区的常客，对减肥茶、减肥药屡试无效后，我更关心比较新颖的减肥产品。当一款名为 3D 强力推脂塑身按摩仪在促销区出现时，极大地刺激了我的购买欲。按照这个产品的介绍，它可以使你不做任何运动，只要每天在需要减肥的部位按摩十几分钟，就能消耗大量能量，这一点让我心动不已。其产品销售页下面有 226 个用户给出评价，好评率 100%。还犹豫什么？

　　我却担心起来，一是产品介绍的大段文字总让我有种似曾相识的感觉，一时想不起来在哪见过；二是当我注意到 226 个用户的评论时，却发现所有用户一律是"无昵称用户"，且有 224 条评论竟然是同一天的半个小时内留下的。我恍然大悟，那似曾相识的感觉源自这些文字介绍，我偶尔看电视购物的时候，也曾听到客服声嘶力竭地叫卖过。结果如何？不言而喻。无论这个产品是否真的有功效，光看"好评如潮"，也让人感到厂家的自信不足和产品的乏人问津。

很多网络上的商品销售都有类似的问题，淘宝上自己刷好评或者换马甲留下虚假评论的事情屡见不鲜。在网络推广中，大多时候是水军泛滥。随意搜索网络营销或直接搜索水军，就会出现大量公关公司发布的商业信息，号称"水军十万，保你网络推广无忧"。

实际上因为宣传和能带来的效果之间有时间差，即宣传的滞后性，很难检测宣传所能带来的直接效果。因而企业更难知道什么营销手段最终左右消费者的购买欲，如同在大街上看到很多楼市广告，手机上收过楼盘垃圾信息，上网查过楼盘价格，但不一定立刻去买房，但当真要买房的时候，很难说清是因为哪种推广最终下了决定。可能是朋友介绍，口碑影响，也可能是当时正好在合适的时间收到了合适的广告……

各种推广的效果难以衡量，因而给了水军（又叫五毛党）兜售其网络营销偏方的机会。比如前面提到的魅族手机论坛，很长一段时间在媒体上大作宣传，称其论坛里的手机研发人员乃至企业高层都与魅族用户聊得热火朝天。很多人信以为真，并被吸引进去浏览，但好景不长，很快就有言论称其论坛里面的帖子缺乏真实性，跟帖的都是水军灌水，刻意制造的热度，结果反而使得魅族手机形象大损。

大规模使用水军来制造虚假的影响力，在网络营销中早已经成为常见现象，就连刚刚兴起的微博，也是水军当道。比如在腾讯微博上颇为知名的 V5 推推，其实就是一个水军转发联盟，尽管看起来很热闹，但实际传播效果大打折扣。

我自己的博客也经常有水军光顾，偶尔发篇软文，过会儿一看，点击一百多次，评论五六十个，再过一会儿，评论没提高，点击过万，显然是有广告公司在背后帮忙。识别水军的方法很简单。因为都是拿人钱财的事情，所以水军灌水大多集中在一个时段发力，十多分钟"关注度"暴涨、回帖猛烈，毕竟水军没时间模仿真实的网络发帖那样慢慢灌水。现在这种营销方式已经成为某些公关公司快速致富的捷径，利用企业不熟悉网络的弊端，宣称可以花少量钱（比投放传统媒体广告费少很多）获得更大的影响力，从而大肆地发布一些根本无人问津的广告帖，制造影响力。由于无法用数字准确衡量推广效果，这种类似骗术的推广方法往往能够得逞，也进一步搞乱了整个网络营销的市场环境。

不是说水军完全没用，但是要合理利用，不要为其营造的虚假火爆所迷惑。比如在论坛营销上，为了省去一些人工，让水军帮忙在各大论坛上发主帖，然后隔半个小时左右回一帖，避免帖子沉底，让更多人有机会看到帖子。

| 4.9 | 花钱删不完负面消息

某天午饭时间，我接到了一个上海的电话，对方称我在年前写的一篇有关游戏圈三大女名人的博文中所列举的陈晓薇、李瑜、刘伟三人，其中之一是她们公司的老总，文章并没有什么错误，只是排名不正确，应该把她们公司老总排在第一。我回答说本身这篇文章并没有涉及排名，只是有的人提得多一点，有的人提得少一点而已。但对方继续和我讲道理摆事实，要我务必修改博文。当时我正在吃饭，这电话打完，饭菜都冷了。再说，这篇博文发布两个多月，早被很多网络媒体转载过，也不可能做什么修改，最后没法，只能调侃对方一句："要不我在文章上面加一句排名不分先后或是按笔画排名？"对方知道不可能要我修改文章，只好作罢。

这个例子说明什么？尽管那篇博文并非负面文章，但一些公司的公关总有点神经过敏，但凡碰到疑似负面，所想到的第一个解决办法就是删文章。类似这样的事件，在我多年的网络生涯中还遇到许多。在网络上，最臭名昭著的并非水军自造影响力而是删帖，通过各种手段删除对自己不利的帖子。类似这种号称可以删除任何帖子的公关公司报价在网上随处可见，俨然已经成为网络世界一个极为不正常的状态。

过去传统媒体和传统营销方式的时代是企业决定受众的时代，你可以花费亿万元来开展媒体公关和宣传，但因为传统媒体的局限，受众很难有机会表达对产品的看法和意见。这种单项式宣传，让负面消息很难有发散的空间和渠道。

在互联网时代，传播从单向变为双向，由灌输变为互动乃至众动。任何一个对你产品的负面意见，都可以在互联网的任意角落，比如论坛、博客、微博甚至视频、语音聊天中弹出。除非是恶意诽谤，否则很难从根本上消除别人对产品的负面批评、控制网民对产品的意见，哪怕再多花费来做营销和推广都不行。

删帖更是万万不可行，除非是对恶意攻击和诽谤的文章，通过正常合理的渠道，向网站提交相应证据，并予以公开。从根本上来说，花钱删帖的结果只会让自己的名声越来越臭。尽管你可能通过公关公司的旁门左道删掉一两个看似"毒舌"的帖子，或许一次两次没事，但如果碰到一个较真的人，对方原本可能只想发泄不满，却遭遇蛮不讲理的删除，他可能会到其他网站投诉。在网络时代，投诉无门的状况是不可能出现的。发帖容易，删帖难，而且会让看帖之人对这个公司寒心，品牌形象毁于一旦。最终，无论多么财雄势大的公司，都会在这场和消费者的角力中败下阵来。

想象一下，或许你所在的公司富可敌国，也花了大笔的钱，通过强有力的广告公司在网络上进行了卓有成效的宣传。但某天发现天涯上一个帖子声称你公司的客服态度不好。原本这帖子已经沉底很久，但随后被你意外看到并找人删帖，可能因此反而引起瞩目，结果在各个博客和论坛，甚至是视频网站中都大量出现了针对此事件的评论，那时候你靠删帖岂能堵住悠悠众口。三聚氰胺事件中，三鹿已经犯过的错误，谁继续犯下去，总有一天会引发因删帖而积聚的怨恨爆炸。可以说，用删帖的方式在网上犯众怒，纯属花钱买罪受，而靠花钱赢得好评也是不现实的。如果出现负面消息，相关的解决之道将在后面章节重点阐述。

I 4.10 I 网络公信力依然不足

网络营销还有一个致命伤即公信力，较之传统媒体上的硬广告来说，这种公信力略有不足。

据 2012 年 4～8 月在 13 个欧洲国家中超过 700 名消费者参加的一项调查表明，尽管媒体类消费近几年发生了许多重大变化，但消费者仍然最信任印刷媒体中的广告。当被问及寄托多少信任于不同的媒体广告时，消费者给报纸和杂志的分数为63%，给电视的分数为41%，互联网为25%。尽管广告用户正将广告预算转移到数字渠道，但消费者继续将印刷媒体视为最信任，将杂志和报纸中的广告视为支撑他们购买决定最为重要的信息来源。

虽然这个调查偏重于单纯的硬广告，但多少也说明一定的问题，加上互联网上监管松弛，一些泛滥的欺诈行为不断地损害在网络上进行营销的企业和个人的能力施展。即使是被认为公信力最强之一的社会化媒体营销也同样遭遇类似问题。

2013年，可口可乐公司一位高管对外宣称，社交媒体营销并没有带来短期收入的增长，至少可口可乐是这种情况。印刷广告是可口可乐最有效的促销途径。他的说法来自可口可乐的一个研究。该研究显示，网上口碑对短期销售没有"可测量的影响"。尽管该研究只考虑了口碑这一层面（可口可乐将其定义为"社交网络上产生的对话"，即单纯计算在诸如Facebook、YouTube上产生的公开评论），并没有包含分享、视频观看或社交媒体的其他方面。但可口可乐也指出，其遇到的一个麻烦是如何决定口碑是正面的还是负面的。该公司随机找出一千多个社交媒体信息，用人工方式和机器方式（自然语言分析）进行比较，结果差别很大。

这个案例说明哪怕是朋友间进行传播的社交媒体营销也显得公信力不足，很难形成短期销量，或者更简单地说，很难如硬广告那样直接诱使消费者看到广告后就购买。

公信力的不足并非不可逆。随着互联网的深度推进，网络公信力势必会加强，并超越传统媒介。但重要的是，企业和个人必须爱惜名誉，长期坚持在网络上保持自己的公信力，有时候做错

一次，可能千年道行一朝丧。

以网络进行内容营销，而非直接广告的方式，越来越被品牌所接受，据2013年的调查显示，全球现在有70%的品牌从事内容营销，因为内容营销较之广告更有公信力，且更有互动性。同时，对内容营销感兴趣的营销者和广告主也面临着找到合适的品牌内容形式的挑战。绝大部分营销者表示投资回报率最好的内容形式是特色文章（62%）、视频（52%）和白皮书（46%）等。如何进行深度内容营销而非赤裸裸广告，将是本书的一大亮点。

| 4.11 | 推广不是直接叫卖

可口可乐的社交媒体营销并没有带来短期收入增长，其原因在于以社交营销为其中一种类型的网络营销，最合适的状态绝不是直接的叫卖行为，更多时候是口碑的塑造。这种塑造需要一定时间的沉淀，也不容易通过短期销售带来曲线图式的增长。直接的网上促销、硬推广等还是可以带来销量，只是效果不一定比传统手段好，二者可以互相配合的。

2013年，微博被一阵"松鼠之风"席卷，它的制造者是坚果类食品品牌"三只松鼠"。在"三只松鼠"官方微博上，原创文章并不多，而是将更多的精力放在与网友沟通上。"三只松鼠"在微博上时不时会转发一条"@某人"的微博与顾客卖萌互动，除此之外，它最大的工作是主动与顾客沟通，一旦你在微博上提到"三只松鼠"，它便会很快过来与你对话，说话前会加上一句"主人……"，如图4.6所示。

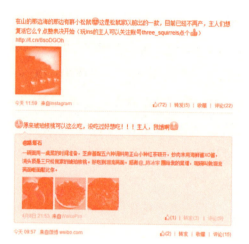

图 4.6 "三只松鼠"的微博互动

　　"三只松鼠"的萌言论和萌回复和它的品牌契合得非常紧密。据介绍，"三只松鼠"系列产品和包装都有卖萌的卡通松鼠形象；店铺的客服名字叫"鼠某某"，管买家们叫"主人"——这便一下将顾客推到了一个极高的位置。在送给顾客的包裹里，三只松鼠放置了果壳袋、湿巾、封口夹等物品，做好每一个细节，并且其口袋上的问候语也温暖人心，比如果壳袋子上的提示是："主人，我是鼠小袋，吃的时候记得把果壳放进袋子里哦。"

　　为了做好与顾客的沟通，据说创始人章燎原还亲自编写了上万字的"松鼠客服秘籍"。这秘籍和主人问候最终让三只松鼠在2013年双十一全天售出220万袋食品，创造出3562万的日销售额，稳坐天猫全网食品电商销量第一的宝座。"三只松鼠"没有叫卖什么，而是靠贴心的服务和暖心的话语赢得了消费者。这不可能是短期收入增长。做成"松鼠之风"需要一定的时间，但这可以使长期收入增长，因为一旦"松鼠之风"刮起来，销售也会步步高。

　　真正长久而持续的网络营销，必然是一种深度的口碑塑造，需要长期坚持，不是一两个成功的策划活动和推广案例就能够解决的，它应该是波浪式前进，不断冲向高峰的一种状态。

| 4.12 | 线上营销不应排斥线下

很多营销者习惯性把网络营销和线下营销对立起来，有种水火不相容、生死不两立的味道。网络营销者总在抨击线下营销的日薄西山，而传统营销者则指责网络营销缺乏实效、太过空洞或太过忽悠、转换率低等。其实，线上线下的营销推广应该进行有机统一。下面是经济观察报早前的一则报道。

宝洁推出的一条在线广告：@新闻晨报 V：【神秘人士末日庆生，设三天三夜免费流水席】神秘人士斥巨资庆 2012 年重生。从 12 月 28 日开始，他将召开三天三夜免费流水席，邀请大家白吃白喝。如此大手笔高调行善，神秘人身份引发全民猜测。@陈光标，神秘人是你吗？

当上文提到的匿名广告同时出现在《羊城晚报》《南方都市报》《广州日报》时，两天内微博上关于神秘人开免费流水席的话题获得了近 30 万次讨论。随后，微博热议又引发报纸、电视等传统媒体对事件的进一步跟进。一周以后，当广州市民仍在讨论神秘人是谁时，宝洁在广州 100 多块公交站台广告、广州最热民生电视新闻、大众点评网等团购网站和汰渍微博相继推出流水席报名方式。神秘人"汰渍"终于现身，不到十天便吸引了 3.6 万市民报名抢票。至此，微博和论坛讨论话题被引导到每一轮流水席的翻场过程中对于海量餐布、桌布的洗涤工作处理上。"流水席"话题演变成"流水洗"。

到了 2012 年 12 月 28 日，连续三天的免费"流水席"开始，"舌尖上的中国"里的均安蒸猪被请上宴席，而在电视剧《后厨》中担任大厨的汰渍代言人海清则在宴席结束后邀请 2000 名消费者用汰渍全效洗衣液清洗之前沾满炸鸡油渍的餐布。活动现场设置微博互动环节，使得仅在新浪微博单一平台就能检索到接近 50 万条"汰渍流水席"微博。

从这个案例，可以很清晰地看出，一个品牌的推广，是可以借助线上线下两个营销管道取长补短、相辅相成，是可以并行不悖的。那么为何还要互相排斥呢？联袂出演岂不更好。以后的章节中，还会有许多关于线上线下合作并进和 O2O 营销的具体分析。

| 4.13 | 别把网络营销想得太简单

在社交网络上，杜蕾斯一直扮演着"都教授"的角色，挺立在整个社交网络的潮头，然而，弄潮儿也有被浪打翻的时候。2013 年，杜蕾斯发起一项活动，请 Facebook 用户来投票，决定哪座城市应享有"紧急避孕套"送货服务。这项服务是为了让那些没有避孕用品的恋人能够通过智能手机应用程序或笔记本享受到快速送货服务。得票最多的是巴特曼市（Batman，英文拼写与"蝙蝠侠"相同）。

巴特曼是土耳其东南部一个省份的首府，这里盛产石油，居住着保守的穆斯林居民。对于这场闹剧，当地居民并不感兴趣，在杜蕾斯的活动中胜出"是个天大的笑话"。社交媒体专家认为，这场投票的结果毫无疑问是被网络流氓所主导。Facebook 投票活动页面显示，巴特曼的得票数为 1577 票，超过了巴黎和伦敦。杜蕾斯原本可以避免这场尴尬，只要它将投票限定在少数几个城市而不是让投票人任意选择城市。这让许多受众非常不满，因此决定恶搞一下杜蕾斯。

杜蕾斯不可谓不精明，它原本是想借助这样的社交活动精准对几座城市进行推广，目标是社交网络的精准营销，并激发起这些目标城市年轻人的兴趣，可它把网络营销想得太过简单，没有策划好行动步骤就贸然行动，结果偷鸡不成蚀把米。

【思考一下】如果你拥有一家淘宝网店，销量不错。最近新上架一种商品，为了打开销路，你会如何去做？是先拿出一笔钱来和托儿联手刷下销量，得到大量好评吗？只怕很多淘宝店主都默认这个游戏潜规则。万一哪天你碰到真正的顾客给了你差评，你该怎么办？

第5章

淘宝SEO的基础

前面我们主要了解的是一些普通 SEO 的知识，在淘宝上做 SEO 又要注意什么呢？是不是和传统的 SEO 有不一样的地方？

本章主要了解

- 淘宝店转化率的意义
- 淘宝咨询工具旺旺的应用
- 淘宝 SEO 的几个参数

|5.1| 网店页面有哪些主要架构

与其说买家是在访问店铺，不如说是在访问页面。因为一家网店是由许多页面组成的，买家每次通过浏览器浏览的都是单独的页面。买家在浏览这些页面的种种行为，都会最终影响成交转化率。那么店铺的各种页面上，重点要关注的指标是哪些？在讲解这个问题之前，先了解一个网店主要是由哪些类别的页面构成，如图 5.1 所示。

图 5.1　网店页面组成

首页是一个店铺的门面，是店铺流量的中转站；分类页是产品按共同特性归类的集合页面；宝贝页是产品的详细信息介绍和细节展示页面；搜索页是通过店铺搜索框搜索某个关键词时出现的结果页面；自定义页是卖家通过自身个性需求做出来的页面，比如活动专题页面。

（1）首页是一个店铺的门面，是店内流量分配的中转站和分配中心。首页是来承载店铺的推广活动，所以首页的流量就显得非常重要。但首页的流量占全店流量的比例又不宜过高，客户都是通过宝贝页来完成购买行为的，首页的流量占全店的 20%。

（2）分类页是指一个店铺的宝贝列表页，是产品按共同特性归类的集合页面。分类页承载了全店类目导航的作用，分类页的流量占全店的 15%，属于二级页面。

（3）宝贝页是指店铺的宝贝详情页面，是产品的详细信息介绍和细节展示页面。正常情况下，宝贝页在全店流量中的比例是 50% 以上，是最重要的页面。

（4）自定义页包括活动页面和其他的二级页面。自定义页是全店能够自定义的一类页面，大多数店铺的自定义页面是一个介绍服务须知、导航流程、品牌故事等的页面，是卖家通过自身个性需求做出来的页面，比如活动专题页面。像这类自定义承载的作用介绍相对有限，占的流量比例大概 5%。

（5）搜索页是指客户在店铺的关键字搜索框中输入某个关键词搜索店内宝贝而生成的宝贝表页。目的是方便客户在店铺中通过关键字查找到自己想要的宝贝，所以搜索页流量占全店流量比例 10%。如果比例太高，说明客户在店铺通过搜索页面查找多次，但找不到想要的宝贝。

提示：店铺各类页面流量的发布是反映店铺的流量健康程度重要的指标，增加宝贝页的流量占比是通过店铺转化率的前提之一。

| 5.2 | 转化率是什么

转化率是电商运营的重要指标。淘宝转化率，就是所有浏览淘宝店铺并产生购买行为的人数与所有浏览你的店铺的人数的比值。一切的生意都是为了成交，转化率的高低，直接反映成交率的高低和产品推销的效果。在整个运营销售的环节中，任何一处细节最终都会影响转化率。

淘宝无论是流量引导还是购买，都存在各种转化率。这让我们可以知道转化的步骤。比如，商家在淘宝打广告引导流量，我们就要知道广告会展现多少次，广告点击率就是到店的转化，然后这群人会不会购买也不一定，就会产生购买转化率……所以这些都是淘宝转化率一条链上的信息。每一环出问题都不正常，比如点击率很高的时候，往往就是骗点击了，那必然导致到达页面的转化率降低。

对于淘宝店家们在努力的东西，却常常走偏，比如他们会降低客单价，提高展现数量，这其实并不能保证利润。淘宝店家追求的重点，毫无疑问应该是"转化率"。在各个环节转化更高，才有真正的意义。

淘宝转化率受到很多因素影响，主要有以下几点：

（1）宝贝描述。宝贝图片优化和描述很大程度上决定了转化率的高低。其次是店铺的整体布局和设计。

（2）销售目标。买家都有从众心理，商铺的定价和定位有待调查和确认，主流的消费群体应该是首选销售目标。

（3）宝贝的评价。评价对于店铺的存在是致命的，没有信誉便放在之后考虑，是很多淘宝买家的心理。

（4）客服。客服是店铺窗口，好的客服相当于销售成功了一半，对于客服的严格要求是必不可少的。

┃5.3┃ 转化率的意义

转化率是指在一个统计周期内，完成转化行为的次数占推广信息总点击次数的比例。举个例子，比如一家淘宝店铺，有100个人看到产品或信息，最终产生1笔成交，那么转化率即为1/100=1%。1000个看到产品或信息，最终产生5笔成交，那么转化率即为5/1000=0.5%。

转化率是一个非常重要的概念和指标。做推广，其目的是为了让更多的人看到，让更多的人购买。如果转化率指标非常低，就会让你的广告成本显得非常高。比如投广告，花1000元买来2000个流量。如果转化率是1%，2000×1%=20，相当于花1000元产生20笔成交。同理，如果转化率是0.1%，2000×0.1%=2，则相当于花1000元产生2笔成交。这样算账，前者卖出一款产品所需要的广告成本是1000/20=50元；后者卖出一款产品所需要的广告成本则多达500元。二者相差颇大。

综上所述，不要仅局限于推广带来流量。假如你的淘宝店，每天有1000个人来访问，转化率是1%，那么一天成交10笔。而你同行的淘宝店每天只有500个人访问，转化率却是3%，那么实际上他一天的生意比你好，他能成交15笔。

很多人陷入一个思维怪圈，当生意不好的时候，或者想销售的东西比较多时，唯一考虑的是想办法拼命获取更多的流量，哪怕花钱做广告也在所不惜。可是却没想过是否有办法提高自己的转化率，从而获得更多实际的利益。大家来看下面计算销售额的公式：

$$销售额 = 访客人数 × 转化率 × 客单价$$

式中，客单价是指每一个顾客平均购买商品的金额，即平均交易金额。从公式中可以看出，当访问人数和客单价不变的情况下，转化率的提高同样可以提升整体的销售额。

15.4 有效入店率的定义

首先来解释有效入店人数这个概念。对一家网上店铺来讲，顾客进来后访问店铺至少经过 2 个页面或更多，然后离开店铺。这样一位访客的行为才算是有效的入店行为，这样的一位访客数量叫做 1 个有效入店人数。如果访问店铺没有达到 2 个页面，点击进入后直接关闭店铺页面，这只能算是 1 个访客数，不能叫做 1 个有效入店人数。

顾名思义，有效入店率用公式表示：

$$有效入店率 = 有效入店人数 / 访客数$$

在此强调，有效入店率是一个比较新的概念，有些人可能会提出疑问：如果一个顾客虽然点进店铺页面后没有再访问第二个页面就离开，但是他在唯一停留的页面上做了一些动作，比如收藏该页面或是旺旺咨询，或是加入购物车，甚至是直接购买，那这算是有效入店还是无效呢？大家一致认为这是有效的。

严格来讲，有效入店人数的概念，除了前面的第一种解释，后面讲的这种情况也属于有效入店人数。比如我点击进入一家店铺的某个页面没有咨询、没有收藏也没有购买，总之没有做任何其他动作，只是浏览该页面，然后就直接关闭页面。那我算是给这家店铺增加了 1 个访客数，但是我并没有给这家店铺增加 1 个有效入店人数。

| 5.5 | 跳失率的概念

前面讲了有效入店率，那跳失率则是一个相对的概念。跳失率是指点击进入店铺页面没有再访问第二个页面直接离开的人数占整体访客数量的比例。用公式表示：

$$跳失率 = 非有效入店人数 / 访客数$$

跳失率实质是衡量被访问页面的一个重要因素。如果一个网店的跳失率过高，则说明该网店的页面不够吸引人，顾客对网店的产品或信息没兴趣。所以要先分析导致跳失率过高的原因，是产品本身不受欢迎、价格没优势，还是详情页没有优化好或者其他？这样才能进一步引导大家分析并深挖背后看不到的秘密。

很多人对跳失率有一个很大的误区，认为跳失率越低越好，其实不然。跳失率过高，说明页面所展示的信息或产品不够吸引人，访客连进一步点击浏览店铺其他页面的兴趣都没有。但是，如果跳失率太低，表面上看每个人进到该页面都会继续留意其他的页面，但实际上可能是该页面展示的产品和信息，是大部分访客不想要的，所以他才会进一步点其他产品和信息的页面。

因此，对于跳失率要掌握一个度，每个行业和类目都不同。和自己所处的类目相比，最好是你的跳失率低于同行平均水平，但不过低。如果低得离谱，也是有问题的。跳失率到底怎样算高怎样算低，根据经验以及参考自己这个行业的平均跳失率数据综合分析，不能一概而论。

一般来说，首页的跳失率，平时要尽量控制在 30% 以下。在做大型活动和钻展的时候，因为曝光度极高，可能会有很多购买意向不是很强的流量进来，此时首页的跳失率也至少要控制在 50% 以下。实际上，50% 已经是很大的数字，这意味着差不多有一半直接进入首页的流量被白白流失，店主都没有抓住一半的客户，让他们跳失了。所以首页的跳失率是越低越好，没有下限。

5.6 旺旺咨询率的定义

阿里旺旺是将原先的淘宝旺旺与阿里巴巴贸易通整合在一起的一个新品牌，它是淘宝和阿里巴巴为商人量身定做的免费网上商务沟通软件 / 聊天工具，可以帮助用户轻松找客户，发布、管理商业信息，及时把握商机，随时洽谈做生意。它简洁方便。

这个品牌分为阿里旺旺（淘宝版）、阿里旺旺（贸易通版）和阿里旺旺（口碑网版）三个版本，这三个版本之间支持用户互通交流。但是，如果你想同时使用与淘宝网站和阿里巴巴中文站相关的功能，需要同时启动淘宝版与贸易通版。贸易通账号需登录贸易通版本阿里旺旺，淘宝账号需登录淘宝版本阿里旺旺，口碑网对应登录口碑版的阿里旺旺。以前贸易通的升级为阿里旺旺贸易通版本后，在原来贸易通的基础上新增了群、阿里旺旺口碑版、淘宝版用户互通聊天、动态表情、截屏发图等新功能，贸易通用户可以用原来的用户名直接登录使用。

旺旺咨询率是指通过阿里旺旺咨询客服的用户数占总访客数

的比例。比如今天你的店铺，一共有 1000 个访客人数，这 1000 个访客中，有 800 个访客要么看一眼直接离开页面，要么默默地收藏你的店铺，要么是直接下单购买你的产品，总之都没有点击你的旺旺，对你或你店铺的其他客服进行旺旺咨询，没有任何沟通。而其余 200 个访客则点击旺旺进行咨询和沟通，那么这 200 个访客就属于旺旺咨询人数，他们占总的 1000 个访客数的比例，即 200/1000=0.2。也就是说，今天你店铺的旺旺咨询率是 20%，即 100 个人中会有 20 个人进行旺旺咨询，主动与你的店铺客服沟通。

5.7 静默转化率的概念

静默，顾名思义就是顾客不说话、不咨询，直接购买你的产品。静默转化率是指直接拍下付款的客户数量占整个访客数的比例，用公式表示：

$$静默转化率 = 静默购买人数 / 访客数$$

比如你到一个淘宝店里，看到某款产品的详细介绍，没有疑问或是懒得去咨询旺旺，直接拍下支付购买该款产品。这种行为就是静默下单。对店铺而言，你属于静默购买的人，给店铺增加了一个静默购买人数。那么如何可以提高淘宝店静默转化率？

（1）清楚你的数据。一个客户到实体店购物，销售人员通常根据这个客户的穿着神态确定向他推销什么价位的产品，通过与其沟通过程中表情和语言，引导用户购物成交。作为一个网络平台，你又如何去掌握用户的特征、神态、语言呢？就要靠你对用户数据的了解，你已清楚地知道你的转化率，知道用户为什么没有转化产生订单。那么需要哪些数据呢？比如用户访问了你的哪些网页，用户从哪些页面跳出了你的网站，用户从哪些页面实现了转化，从而跟踪用户在你网站的行为路径。

（2）让产品图片美观并让图片显示更快。纵观淘宝，店铺图片展示美观的很少，图片加载速度超过10秒以上的比比皆是。数据表明一个用户等待图片加载速度的时间不会超过3～5秒，并且用户在这3～5秒的加载等待中会产生情绪的变化，即购买欲望可能会降低。而很多网商不注重图片的质量，一个精度10000PX的图片和一张被压缩了的精度可能只有1000PX甚至更低精度的图片，给用户的触动是完全不一样的。用户可能会因为一张精致的图片触动了其感官觉得很美而下单，也可能因为一张模糊不清的图片而感觉产品质量不佳而放弃下单。而网商们很少会想到就这么区区几张图片就让自己的生意有天壤之别呢。

要知道你每一个产品的描述图片就如同实体店中的产品陈列橱窗，我们之所以开店并花数万甚至数十万装修一个实体店铺，就是为了让产品展示看起来很高档，以提升产品的附加值。在一个地摊上你再怎么摆放名贵的珠宝，也很难让其卖出高价。所以要提升订单转化率，一定要在你产品的图片展示上下足功夫。

（3）提高你的产品导航和关联。大多数网店在首页都是罗列许多的产品，其实这个是错误的，首页的作用不在于陈列产品，而在于迎合用户心理并导入用户。比如用一些配合季节的主题活动，如"春季做个时尚气质女人必备""春季吃出的魅力"等，先触动用户，让用户在被触动后点击进去挑选商品，你要相信用户在购买欲望产生和未产生的情况下挑选产品的订单转化率完全是天壤之别的。

商品关联的目的是让用户购买，所以你应该只关联最有可能成交的商品，而不是一堆商品让用户无从选择。就如沃尔玛著名的案例，在纸尿布旁边放啤酒，而不是在纸尿布旁边放一堆的食品，因为其数据显示啤酒最容易被选择，因此你在网上关联，也一定是关联最有可能成交的商品。

（4）给用户以信心。用户浏览了你的产品，最后却没有选择你，很大程度上是对你的产品缺乏信心。完美精致的图片，映入用户眼帘的第一感觉就是高档；凸显你的客服24小时受理服务，当然可能没这么长，但是你可以尽量长时间；承诺30天内任何质量问题退货退款；鼓励你服务好的用户给你进行产品评价；对静默用户的留言给予积极细致的答复……这一切都有助于提高用户对你的信心，让用户更容易下单而不至流失。

（5）卖出自己的亮点和特色。一个店铺如果有新颖的亮点或者特色，对买家来说更有吸引力，相关地也就是高转化率。很多卖家说不知道自己有什么亮点，其实就地取材就是亮点，掌柜就是特色，店铺就是特色。平时细心一点，其实可用的素材很多。

（6）把买家的心理落差缩小为0。出于王婆卖瓜的心理，很多卖家在撰写或者选择文案时都是一个劲地放大宝贝的好处，似乎宝贝是超乎的完美，文案都是广告式、口号式的标准。我们不反对发挥文案的营销作用，但过度的、单一泛滥的打上广告式、口号式文案，事实上隐形提升了买家对宝贝的购买期望，收货之后买家一旦有心理落差，就会很难回头，这样流失的客户是很可惜的。

| 5.8 | 咨询转化率是什么

咨询转化率是指通过咨询客服最终购买产品的人数占整个咨询人数的比例，用公式表示：

咨询转化率 = 咨询后成交人数 / 总的咨询人数

将静默转化率和旺旺咨询率放在一起进行数据分析，才显得更加有意义。它会出现以下几种情况：

（1）静默转化率低，咨询转化率低。

（2）静默转化率低，咨询转化率高。

（3）静默转化率高，咨询转化率低。

（4）静默转化率高，咨询转化率高。

对于情况（1）：说明的产品根本没有吸引力，至少是没有让人购物的欲望。

对于情况（2）：要注意这说明是你的产品页面讲解和介绍不够具体，但是至少访客是有兴趣的，只是你还没有解决大部分买家的疑问或顾虑。

对于情况（3）：说明你的客服接待水平不好，访客不问还好，一问就被吓跑了。

对于情况（4）：说明你的产品页面吸引力比较好，不管咨询与否，都能做到很好的转化。

以上四种情况只是大致说明静默转化率和咨询转化率的联系，实际情况可能要复杂很多。比如静默转化率高低与你的老客户数量、产品价格等有关；而咨询转化率的高低，大部分是由客

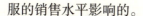

服的销售水平影响的。

| 5.9 | 成交转化率的含义

从前文可以看出，转化率其实是个很广义的概念。成交转化率是体现流量的最好转化数据。它分为静默转化率、咨询转化率等各种转化率。大家口头上总提及的转化率实际上一般默认是成交转化率。顾名思义，成交转化率是指在网店实际购物的人数与所有到店铺的访客人数的比率，用公式表示：

$$成交转化率 = 成交人数 / 访客数$$

可以看到前面讲的各个指标和环节，比如跳失率、旺旺咨询率、静默转化率、咨询转化率等都会影响到最终成交转化率的高低。所以，要根据各个指标来分析他们对最终的成交转化率产生的影响，从而在各个环节上有的放矢，发现问题，解决问题，最终促使成交转化率的提升。

| 5.10 | 浏览量和访客数

浏览量（PV）是指用户每次对网站中的 1 个网页访问均被记录 1 次。用户多次打开或刷新同一个页面，该指标值累加。访客数（UV）是指全店各页面的访问人数。所选时间段内，同一访客多次访问会进行去重。综上所述，两者的最大区别为访客数是进行去重的，一个顾客来了多次会被去重，而浏览量是每打开或者刷新都会记录一次。

一般情况下，除非刻意给首页导入大量的流量，比如通过钻石展位、直通车页面推广或是大型的淘宝活动，否则，首页占到整个店铺的流量不会太高，一般在 20% ～ 30% 之间。这要从买家的搜索浏览入口路径和过程上考虑，大部分的买家都是通过搜索关键词寻找产品进入店铺，买家进入店铺的方式通常是先点击宝贝图片，再进入宝贝详情页。所以首页的浏览量（PV）和访客数（UV）一定在店铺整个流量的平均比例之上，但不会是最高的。

但是首页的 PV 和 UV 如果太低了，也反映一个不好的现象：一是说明收藏你店铺的人群，也就是你的老顾客太少；二是可能你的详情页等地方引导非常差，比如店铺在装修过程中，宝贝详细页找不到店铺的导航栏，顾客想到首页看看都找不到入口，这种错误必须要避免。

| 5.11 | 出店率

所谓一个页面的出店率，是指顾客在离开你的店铺前，访问当前页面之后点击该宝贝页中的任何链接（比如：关闭该页面、刷新该页面），或者点击了该页面中的店外链接而离开店铺的次数占页面被查看总次数的比例。

由于很多人找不到理想的宝贝，最终会到店铺首页再逛一下。如果还没什么太大的意向，往往最后停留在首页，然后关闭了页面离开。所以出店率，通常会比跳失率稍微高一些，一般控制在50%左右都算是正常的。

这个指标相对于跳失率，显得稍微不那么重要。不过请注意，不是不重要，是相对不重要而已。

| 5.12 | 首页到产品页、分类页等页面的点击率

因为首页上有海报，有各个产品的图片等，每个地方都展示了店铺的布局。通过首页到产品页、分类页等页面的点击率，可以比较出店铺哪些位置的布局比较合理、点击率比较高，哪些位置布局比较失败，点击率比较低。比如你在网店上做了一张海报，放在首页的某个位置，很期待潜在的顾客多去点击查看海报里的链接页面，结果点击率很低，几乎没有人点击海报查看。这说明这个布局不够合理，需要及时更改位置和图片。

首页到产品页、分类页等页面的点击率高是每个店主希望看到的，这表示访客对你的产品或信息很感兴趣，对店铺的页面布局不反感，愿意多了解。店铺的格局让访客看得明白，愿意深入其中，而不是瞥一眼就离开，就像顾客进入一家商场，愿意悠闲自在地逛逛各种货架，说不定就会遇到要买的商品并为之驻足，最后达成交易。较高的点击率在很大程度上能促进成交转化率的提高，如果顾客都不愿意从首页点击进去，再好的宝贝都很难被发现。

| 5.13 | 产品详情页需要关注哪些

产品详情页，即宝贝详情页，是产品的详细信息介绍和细节展示页面。正常情况下，产品详情页在全店流量中的比例是 50% 以上，是访客直接了解产品信息的最重要的页面。那么，要做好产品详情页，需要关注哪些内容呢？

（1）浏览量和访客数。毫无疑问，在整个店铺流量中，占比最大的页面一定是宝贝详情页。因为顾客搜索寻找的，点击进来的，最终选择和下单的，都是宝贝页。所以宝贝页是最值得关注的页面。尤其是一个爆款，该爆款的宝贝详情页的浏览量和访客数，都是相当惊人的。如果一个宝贝的详情页根本没有流量，那么产品哪怕再好，也是销售不了多少数量的。

（2）跳失率。一个宝贝详情页的跳失率如果过高，说明你的宝贝根本没有让人购买的欲望。这时就要分析问题所在：到底是宝贝详情页优化没做好、价格过高，还是图片太差劲、差评很多、宝贝本身不好，或者其他原因。

宝贝详情页起到的功能和首页完全不同，它主要承载的不是分流的功能，它的跳失率一定比首页要高。一般来讲，跳失率不要高得离谱，不要高过店铺平均跳失率即可。不过，对于爆款的跳失率，往往会低于所有宝贝页面平均跳失率。因为之所以称为爆款，一般是比较吸引人的，跳失率自然会低一些。

（3）收藏率。收藏率越高的宝贝，反映了该款宝贝受欢迎程度越高。没有人会对你的产品不感兴趣，还要去收藏你的宝贝。

所以可以利用收藏率的高低来判断宝贝的受欢迎程度，借此寻找有可能成为爆款的好苗子，这是一种不错的办法。一般来说，收藏率如果达到10%甚至更高，往往这个宝贝就具备爆款的潜质。

数据要达到一定的量才能作为判断的依据。比如一款产品刚刚上线，只有10个人看到产品，就有2个人收藏，但这基数太小，不能说明问题，不能贸然认为这款产品的收藏率达到20%。一般可以在浏览量达到几百时再去分析收藏率。

（4）成交转化率。做生意的一切目的都是为了成交。前面的很多数据分析，都是为了更好地促进成交，是为成交做准备。所以最终决定一款宝贝能不能卖爆，成交转化率是重中之重。一款宝贝的成交转化率如果非常高，只要货能及时供应，且质量没问题，那么只需要大量的流量即可。而流量问题在宝贝转化率非常好的情况下根本不是问题，直接购买即可。

▎5.14 ▎如果详情页数据指标出现以下情况怎么办

做淘宝店铺，会遇到很多意想不到的问题，在此讲两种情况，在遇到之后该如何应对。

（1）收藏率很高，但是转化率很低。这是一个很矛盾的问题，既然收藏率高，说明产品比较受欢迎，为什么没人购买呢？宝贝详情页没优化到位往往不是重点。访客既然收藏了，说明他的购买意向是比较高的，如果详情页根本没吸引到他，他的判断是这款产品不值得关注，一般不会费事去收藏此页。那是什么原因导致访客迟迟不购买这款他已经看好并收藏的产品呢？

根据大量的经验和数据表明，出现这种情况大部分由以下因素导致的。首先是价格因素，通常是因为产品价格较高，超过大部分人的心理预期，很多人不舍得购买，所以买家会选择先收藏，等待降价促销或者实在是急需的时候再购买。其次可能是产品的销量和评价太少，让人无法下定决心购买，很多人都不想做第一批吃螃蟹的人，他们想等有了一定数量的销量和评价以后再决定是否最终购买，现在提前收藏以观后效。再者，若你的产品是季节性产品，比如衣服，如果你销售的是一款夏天短袖的连衣裙，那天气还比较冷的时候，顾客会先收藏，到夏天再买。

至于上面罗列的这些情况，到底是属于哪一个或是哪几个原因？需要分析并逐一排查，比如通过折扣工具去调整产品价格，然后观察几天，看看是不是属于价格因素导致的。有种特殊例子是有时候价格太低也会导致转化率很低，例如一款真狐狸毛羽绒服，价格卖得太低，顾客可能会想这不会是假的吧，真的狐狸毛羽绒服会这么便宜？

如果怀疑销量和评价是影响转化率的原因，那就抓紧弄几个销量和评价出来看看效果。怀疑是季节性原因，就设身处地为顾客考虑，换位思考，如果是你做出选择，你认为现在有必要购买这个产品吗？

通过不断排查和思考，最终找到答案，也就大致明白了问题所在。接下来就该针对问题制定解决方案，以提高收藏者的转化率。

（2）收藏率低，转化率高。收藏率低，转化率高这种情况一般不常见，可能发生在极便宜的产品上，比如9.9元包邮等产品有时候会有这样的情况发生。顾客根本不需要收藏，看到产品符合自己需要，就直接就购买，反正花不了多少钱，可以冒险一试。当然这不是绝对的，并不是说超级便宜的产品一定能得到这些数据，在收藏率低的情况下转化率绝对高。因为超级便宜的商品，顾客可能根本看不上，懒得收藏，更别提转化率了。

第6章

淘宝SEO的工具

本节介绍几种淘宝 SEO 常用工具，目的是让有需要的朋友知道通过哪些工具的功能获得重要数据，但这节不会详细介绍每款工具的具体使用方法。数据工具在于适用，不需要太多，过多的工具反而会重复浪费数据分析的精力。

本章主要了解

- 介绍 SEO 的工具
- 利用工具监控网店的销售情况

| 6.1 | 量子统计

量子统计是一种网站流量统计的工具，是和淘宝店铺本身绑定的。量子统计一共有两套产品：量子店铺统计和量子网站统计。量子店铺统计又分为量子统计（淘宝官方版）和量子恒道统计。其中，量子统计（淘宝官方版）是由量子统计 v3.0（测试版）升级而来。

量子店铺统计是为淘宝掌柜量身打造的专业店铺数据统计系统，专门为店铺进行数据统计分析，数据更新及时、精准。量子店铺统计通过流量分析、销售分析、推广效果和客户分析等帮助掌柜从全方位了解客户的喜好和行为，评估店铺的推广效果，掌握自己店铺的经营状况，从而找出店铺中存在的问题，为店铺的整体决策提供充分的数据支持。

量子网站统计是一套免费的网站流量统计分析系统，致力于为所有个人站长、个人博主、所有网站管理者、第三方统计等用户提供网站流量监控、统计、分析等专业服务。量子网站统计通过对大量数据进行统计分析，为网络营销策略服务，提供运营、广告投放、产品推广等决策依据。

本节不介绍工具的具体使用方法，只针对量子统计工具里某个特殊功能来详细说明——即量子统计里的装修分析功能，如图6.1 所示。

量子统计里的装修分析功能需要 50 元 / 月，比较贵，不过作用很大。其中的装修热力图，如图 6.2 所示，可以查看卖家店铺页面上的每个地方被点击的次数。在图 6.2 中，用鼠标拉框的方式，框到的地方会显示该区域的点击数及其占总点击数的百分比。

图 6.1　装修分析

图 6.2　热力图分析

装修热力图应用的范围很广，下面举两个例子来说明。

（1）可以通过装修热力图来观察店铺的首页，哪些地方是有人点击的，哪些地方是无人问津的，从而更好地调整导航、海报、布局等方面，以达到较好的页面布局。

（2）可以通过装修热力图来观察页面上哪些宝贝被点击的次数较多，点击次数比较多则说明该宝贝比较受人关注，这也是在店铺里找"好苗子"的有力参考证据。如果配合一些钻展或直通车的店铺推广，效果会更明显。比如，快速通过广告引来一批流

量，然后第二天再观察一下，昨天哪几款宝贝被点击的多？

装修热力图以直观形象的方式展现店铺页面不同位置的点击热度，帮助店主了解宝贝的人气和点击率，从而评估店铺的营销推广效果。店主还可以通过观察页面点击量大小来装修页面。

6.2 数据魔方

数据魔方是淘宝官方出品的一款数据产品，主要提供行业数据分析、店铺数据分析。其中包含了品牌、店铺、产品的排行榜，购买人群的特征分析（年龄、性别、购买时段、地域等）。除此之外，数据魔方还提供了淘词功能，主要用来优化宝贝标题，通过使用效果更好的关键词来提升搜索排名。

数据魔方分为标准版和专业版，它们的区别如下：

（1）标准版：店铺信誉达到集市一钻以上或者天猫商城用户。收费：90元／季，按季起定。

（2）专业版：店铺信誉达到集市五钻以上或者天猫商城用户。专业版可直接享用"淘词""流失顾客分析""第一时间"等功能。收费：3600元／年，按年起定。

这两个版本，当然是专业版最全面。不过，对于一般的小卖家，往往对专业版"望魔兴叹"。

如图6.3所示，百度搜索"数据魔方"可以找到。至于专业版和标准版具体有哪些功能，有兴趣的朋友可以点击"免费体验"实际感受一番。在数据魔方里，需要关注哪些功能呢？

图 6.3 购买数据魔方

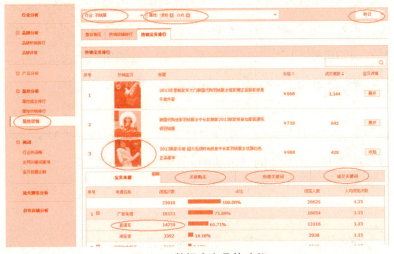

图 6.4 数据魔方具体功能

专业版和标准版相比有一个很大的亮点：专业版几乎可以查看你这个类目任何一款产品的情况。通过对属性的多维度设置和不断细分，可以找到其他人的宝贝，然后分析它的流量来源。而标准版，只能够通过品牌来查找宝贝情况，这意味着店主只能够查找天猫店的宝贝情况，因为天猫店必须有品牌。而集市店里的宝贝情况，就无法查找了。

通过数据魔方的功能，可以知道其他人的某款宝贝的具体情况。如图 6.4 所示，可以查到图中这款羽绒服昨天一共卖了 428 单，带来的流量共计 2 万多。其中，有 14 000 多的流量来自直通车。如果直通车按平均 1 元计算（实际上羽绒服类目的直通车带来那么大的流量，1 元通常很难拿下），那么一天有 15 000 元左右的直通车费用。

谈到这里，顺便对小卖家朋友说一句，你看到有些店铺销量很多，别太羡慕，他们可是有实力用钱砸的，一定要量力而为，那都是要付出代价的。别人一天卖 400 多单，你一天卖 4 单，因为开支小，4 单可能也有两三百的纯利润。慢慢来，脚踏实地去做，不要总想着做销量巨大的爆款。淘宝年销售几千万的，可能是亏损的店铺，因为光是广告费、工资、场地费以及海量库存压货，就已经入不敷出。谨记：量力而为、脚踏实地。

其实数据魔方最大的卖点，如图 6.4 所示，能查看一个款式或一个店铺的具体情况，比如流量来源，是通过哪些主要关键词成交的等等。而其他的很多功能，一些性价比好的工具也能满足条件。所以很多人买专业版，就是冲着这个卖点去的，否则就太贵了。

举个例子，一个销售女装的店铺交费 3600 元 / 年，只能看到女装类目。如果想看其他类目，如母婴类目，需要再交 3600 元 / 年。也就是说如果想多看一个类目的数据，要多交一次 3600 元 / 年，若同时看 10 个类目，就是 36 000 元 / 年，这是非常贵的。估计除了一些专门帮人运作淘宝店的代运营公司，一般没有人需要开那么多个类目的数据魔方。

这其实相当于是淘宝在销售数据。所以，所谓的淘宝免费开店，只是一个噱头而已。真正把淘宝当事业做，有些钱是逼着你去花的。

6.3 生意经

生意经分为加强版和专业版。专业版 50 元 / 月，要么不用，如果要用生意经，强烈建议大家用专业版。一个月 50 元，里面的功能非常强大，如图 6.3 所示，这还是很划算的。

注：标题分析、关联分析、订单来源ROI、查看淘宝所有行业情况仅限专业版。

图 6.5　生意经

由于生意经里面好用的功能很多。比如：可以实时查看当天的产品转化率情况，这在打爆款的时候比较有用，随时观察做到心中有底。生意经的订单来源功能，可以让卖家知道买家具体通过什么途径最终在店铺里成交，对于店铺里哪些产品关联度最好也有很好的建议，可以随时很方便地设定上下架时间。总之，生意经可圈可点的地方很多。

特别值得一提的，比如对于有 SKU 号（每种产品均对应有唯一的 SKU 号）的产品——衣服，当一种款式销售了几千件，又要继续下单的时候，哪种颜色、哪类尺码卖得最多？各个 SKU 的比例是多少？通过生意经一目了然，它给下单或进货提供了比较好的数据参考，不再需要心里估算。再者，生意经可以跟踪到店铺里成交率最高的位置，这对于直通车的地域投放起到很好的参考作用。

| 6.4 | 淘宝指数

最后向大家介绍一种完全免费的工具：淘宝指数。淘宝指数是淘宝官方免费的数据分享平台。通过它用户可以窥探淘宝购物数据，了解淘宝购物趋势。而且产品不仅仅针对淘宝卖家，还包括淘宝买家及广大的第三方用户。同时承诺将永久免费服务，成为阿里巴巴旗下一个强大精准的数据产品。针对不同类型的用户，淘宝指数给出不同的功能。

（1）买家：淘宝指数可作为购物决策的参谋，了解当下流行趋势，了解同一类人的购物倾向和特点，以及与其他类人有什么不一样。

（2）卖家：淘宝指数就是一个免费的市场行情参谋，你可以从中看到什么东西卖得最火，自己家店铺经营商品的主流消费者人群是怎样的，便于更加精准地策划营销方案。

（3）第三方：包括是媒体、行业专家、数据爱好者，可借助淘宝指数这个开放的淘宝数据信息共享平台，获取到当下流行购物趋势或为研究作参考做佐证。

在地址栏输入"shu.taobao.com"，进入如图 6.6 所示的页面，可以看出淘宝指数主要能得到哪些数据，比如在"人群特性"上增加了星座、爱好等标签，而且用户可以在数据中发现不少乐趣。

图 6.6 淘宝指数

再次强调，本节主要是介绍本笔者最常用的一些重要工具，但不是淘宝全部工具。有时候为了特定的需要，可能还要用到一些不常见的工具。另外，本节不是专门介绍这些工具使用方法的，主要是为了告诉新手朋友从哪里可以获得一些有意义的数据。

第7章

通过数据分析来提前
预热淘宝产品

相信现在已经没有人觉得把商品随便放在淘宝上就能大卖了。在商品
海洋中，如果只是"随便"摆放，没有客户会关注到你的店铺。商品的选
取、上架、预热、接力都有很大的技巧，我们通过反复观察数据就会发现
这些技巧。

本章主要了解

● 商品的预热

● 新款替换旧款如何做

7.1 哪些产品需要预热

有些朋友会问：在开始推广产品时，是不是要提前宣传呢？为什么要提前宣传？到底该提前多长时间，有什么参考吗？在此先给大家解答这些问题。

产品在真正的销售旺季还没来到之前，先要进行一定的人气和销量积累，这叫预热。哪些产品需要预热呢？往往是销售季节性很明显的产品，比如衣服、鞋子、空调、暖手宝等。因为季节性很强的产品，不会一年四季都好卖。比如夏天的衣服，也就在夏季短短几个月时间是热卖的，一旦过了销售旺季，想热卖很难，还有可能压货滞销。

淘宝是一个马太效应很强的地方。总的来说，产品销售越火爆，越容易得到曝光的机会，即免费的流量越多。尤其是天猫的"豆腐块"，一旦榜上有名就不容易很快下来，从而能获得大量的免费流量，并且销售数量多，转化率也会有很好的提升。

因此，销售产品要提前预热，抢占山头。哪怕没有实力抢占山头，至少也不要落后其他人太多，应该尽早积累销量和人气。否则，等到销售旺季真正来临之时，很多竞争对手已经遥遥领先，这时候自己产品的曝光率和转化率与对手相比就没有优势，要想赶超对手要付出更大的代价，可能还不能达到预期的效果。比如直通车，销售旺季来临的时候，平均点击价格（PPC）会飙升。而在旺季没来之前，早一些开始预热的人，PPC便宜很多。

有人又有疑问，如果早一点开始推广，销售旺季还没来，会不会因为产品的转化率比较差而不划算呢？这也是有道理的。这就要找到合适的时间节点，根据产品所处类目的本身情况控制投入产出比，不至于投入太大造成无谓的浪费，又可以拿较少的时间和金钱换将来的机会。

7.2 何时进行预热

很多人会问，该如何找到合适的产品推广时间节点？如果早早开始推，推广费用如何控制？这正是接下来要讲的问题。以季节性比较强的女装为例，为了更直观用图片来说明。先打开数据魔方（用免费的淘宝指数也可以，分析的道理是相同的），如图7.1 所示。

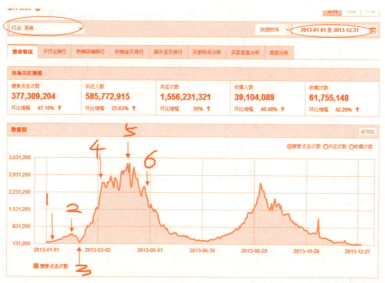

图 7.1　数据魔方时段分析

图 7.1 是 2013 年 1 月 1 日～ 2013 年 12 月 31 日，女西装整年的销售走势曲线图。曲线"山峰"越高，代表热卖程度越高。把鼠标放到曲线上，就能显示鼠标停留位置的具体日期（截图是为了标注，在此不具体展示每个点）。假如 2014 年有新款女西装要推广，应该从什么时候开始预热着手推广呢？这里的 2014 年属于将来还没发生的日期，没有销售数据，只能参考以前已经产生的数据。在此要首先来分析 2013 年的销售数据，从而得到女西装的销售走势，预测和制定 2014 的销售推广计划。在此对红色箭头标注的地方做简单的说明。

红箭头 1 ～ 2 指向的曲线位置：时间段是 2013 年 1 月 4 日～ 2013 年 1 月 31 日，女西装的销售呈现逐步上升趋势。

红箭头 2 ～ 3 指向的曲线位置：时间段是 2013 年 1 月 31 日～ 2013 年 2 月 9 日，这段时间是 2013 年春节前后，快递几乎全面停止。就算买东西，过年时间也收不到货。所以，这段时间销售曲线急剧下降，在箭头 3 所指的曲线位置出现销售最低谷。

红箭头 3 ～ 4 指向的曲线位置：时间段是 2013 年 2 月 9 日～ 2013 年 3 月 8 日，女西装的销售呈现大幅度上升趋势。

红箭头 4 指向的曲线位置：时间点是 2013 年 3 月 8 日。由于这个时间的气温很适合穿小西装，加上三八妇女节各种店铺促销，赢来第一个销售高峰期。

红箭头 5 指向的曲线位置：时间点是 2013 年 4 月 5 日。这里赢来女西装的销售最高峰，这是最热卖的时间。

红箭头 6 指向的曲线位置：时间点是 2013 年 4 月 26 日，由于天气越来越热，很多人开始期待要穿夏装，因此女西装的销售量开始快速下滑。

|7.3| 从数据中找时间节点

如图 7.1 所示，从箭头 1 指向的时间节点，也就是在 2013 年 1 月 4 日女西装开始预热。有人会问：为什么上架预热要选在箭头 1 所指的时间点——2013 年 1 月 4 日，不可以是 1 月 5 日或 1 月 3 日吗？其实这都是可以的。只要在这个时间段的大致范围内预热都可以，在做计划时候定个具体日期即可。比如上面曲线的 1 月 1 日到 1 月 5 日这个小范围的时间段内，都可以选为预热的起点。在这 5 天内给自己定一个具体日期，不必非要拘泥于固定的某天。

为了做计划需要有具体的几月几日时间点，以便各部门和环节的把控。假定选择 2013 年 1 月 4 日作为预热起点，定下起点后，接下来做计划，由此开始倒推。1 月 4 日是女西装预热的起点，这意味着在 1 月 4 日之前必须有已经测试好的适合推广的款式。如果用直通车测款并发现有潜力的款，根据经验一般需要 3 ～ 7 天时间。为了测得更准确，假定设置用 7 天的时间测款。从 1 月 4 日往前倒推 7 天，意味着产品最迟要在 2012 年 12 月 28 日上架。

女西装要在 2012 年 12 月 28 日上架，如果是自己下单生产，又不想预售，而是要现货售卖，就会出现两种情况。第一种情况：辅料和布料都已经采购好，只需要上流水线制作。假定首批下单 100 件，女西装需要 3 天时间完成制作，那么最迟 2012 年 12 月 25 日必须开始生产服装。第二种情况：辅料和布料还没采购。假设采购需要 7 天，那么最迟在 2012 年 12 月 18 日必须开始采购。（注意：这里讲的生产和测试需要的具体时间，根据每个店铺自身情况不同有所差别，具体时间务必结合自身实际情况量体裁衣，才能做出合适的销售推广计划。）

前面定下 2012 年 12 月 28 日为女西装新品上架时间，假设美工的制作需要 4 天时间，那么 2012 年 12 月 24 日，拍摄的产品照片必须到手。假设拍照和初步修图的时间需要 3 天，那么 2012 年 12 月 21 日必须开始拿样衣并拍照片。假定的销售推广预热计划如图 7.2 所示。

图 7.2　销售推广预热计划

倒推的销售推广预热计划，不仅要考虑在何时预热的问题，还要考虑预热之前的一系列问题。敲定每一个时间节点，才能保证计划的有效执行。有很多朋友只考虑何时预热，而没有把预热之前的一系列计划做到位，就会导致到了已定的时间点而不能顺利执行预热计划。

这些都是作为店铺运营者需要具体考虑的问题，为后续推广的实施奠定基础。有步骤有计划地开展工作，才能未雨绸缪，走在其他竞争对手的前面。

|7.4| 两手抓

有人可能会问：怎么确保在预热开始的时间点一定能找到有潜力的款？

这个问题一度让人十分头痛。自己公司新开发的款式，过去没有任何市场销售数据，谁能确保一定好卖？所以，要做两手准备，两手抓。在预热之前，一手抓自己公司设计开发的新款式；另一手，对往年的销售数据和今年最早一批开始上架的别人家的款式销售情况进行跟踪分析，利用数据魔方等工具观察哪些款转化率比较理想，推广起来比较快，然后快速模仿打板，在别人的款式上适当改进，以求抓住市场先机。

比如我这几年所在的公司是一家传统企业女装公司，虽然对电子商务部分用了心，但是总体来讲，公司还是主要以线下为主。由于精力有限，公司没有拿出百分百的决心配合电商部门，主动利用淘宝开发的款式或者模仿别人淘宝好卖的款式。这点很是可惜，但可以理解。不是所有公司都能全力进行线上推广，毕竟线上推广是一门比较新的销售模式。如果有条件做线上推广，那么最大限度保证一批货上来，总能找到一两个款式是容易推广起来的。凡事没有绝对，谁也不能保证每次百分百顺利。只是做计划的时候，努力去做，把成功的概率做到最大。

还是以前文提到的女西装销售曲线为例，如图 7.1 所示，箭头 4 所指向的位置，女西装达到第一个的销售小高峰。箭头 5 所指向的位置，女西装达到销售最高峰。在箭头 4 和 5 指向的时间段内可以再找另一款女西装迎头赶上，通过第一款已经推起来的女西装带动第二款女西装，趁热打铁会取得意想不到的效果，这也是推广的技巧所在。

7.5 新款接力棒的重要性

新款接力在有条件的情况下是有必要做的。一个款经过一段时间的直通车推广后，点击率和转化率可能都会有所下降。因为该买的大多已经购买，加上市场竞争进入白热化阶段，以及顾客看腻了这个款的图片，势必导致直通车点击率和转化率有所下降。此时需要一个新款来接力，继续在销售的道路上"跑起来"，比如通过关联推荐等手段逐步推广另一个女西装的款。

逐步降低前一款已经热销的女西装的推广费用，因为前一款已经形成气候，自然有很多流量。把前一款女西装的推广费用慢慢挪用到第二款女西装，加大第二款的推广投入。这样很平稳的过渡减少了单款爆款的风险，同时增加了女西装类目在免费搜索流量上的持续时间。如图 7.1 所示，在箭头 4 和 5 所指的位置之间，顺势来个"聚划算"之类的巨大流量活动是很不错的选择。不过和上面的倒推法一样要早早计划，这样才能有条不紊地执行。

相信说到这里，大家就明白了。假设几个月前，我就开始做2014 年计划，我要推广女西装，通过刚刚得到的 2013 年的数据就可以有目的地去推算和预估，做出详细具体的计划。比如 2014年的除夕是 1 月 30 日，根据 2013 年的数据可以推算出 2014 年 1

月 20 日左右快递大面积停工。2013 年数据——2013 年的 1 月 4 日预热到 1 月 31 日快递停止的时间有 27 天。那么可以推算出，2014 年的女西装大致在 2013 年 12 月 23 日前后就要开始预热，然后继续倒推下去。

|7.6| 预热多长时间最好

预热期间应该推多大力度？毕竟预热阶段，产品的转化率不一定非常好，因为旺季还没来，如果投入太大浪费钱，得不偿失，我们可以利用数据魔方进行预热销售分析。

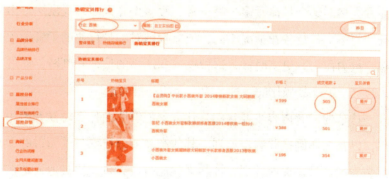

图 7.3　数据魔方分析

点击数据魔方的"属性详情"，如图 7.3 所示，首先了解昨天占据女西装热销排行榜的产品大致销售多少件？再看最近 7 天，这些热销的女西装一共销售多少件？点击"展开"选项了解流量来源，将通过"聚划算"等活动获得的流量来源剔除掉，观察不靠大促销活动而是只靠直通车和自然流量每天大致卖多少件产品。

假如预热阶段，在热销宝贝排行里，排名在第 20 名前后的四五个宝贝每天销量大概是 30 件。这意味着如果想以后占据宝贝排行 20 名以内，在预热阶段销量至少与这四五个宝贝同步，也就是说每天销量要推出 30 件左右。销量与其他人接近，到时候获得的排名往往不会差太多。这样一算，预热阶段需要多少推广费用心里就有底了。不过大家一定要明白，这是根据数据大致预估排名，没有绝对准确的数字，宝贝排名还与其他很多情况息息相关，这里暂不详谈。

有些小卖家说和别人拼销量他拼不起，或是说他不是很理解前面讲的预算之类的分析。这没关系，你们就按着自己的推广节奏在自己的能力范围内做计划，能直接持平或盈利最好，如果不能，那适当亏一点不要紧。毕竟是预热，亏一点也正常，但是不能亏太多。这个具体亏多少算正常，亏多少算太多，我没法给出确切答案。各行各业情况不同，依靠自己对本身行业的了解做预热，量力而为。更多时候，这种投入和产出的估计和判断，靠的是自己平时产品操作的一种经验，无法一概而论。

这节的讲解内容主要目的是让大家能够明白什么时候开始预热，以及怎样倒推并制定计划。其他产品的分析都与前面讲的女西装类似。只要提前计划，推起来就能抢占先机，比其他人走在前面。

第8章

淘宝的自然搜索

前面的很多 SEO 都是一些外部的引流优化，而在淘宝我们要根据淘宝的规则来进行优化。

本章主要了解

- 在淘宝提高展现量
- 自然搜索的定义
- 淘宝 SEO 新手问题
- 上下架时间的选择

| 8.1 | 自然搜索排名

淘宝的自然搜索和百度 SEO 类似。围绕着自然搜索这个话题，这章主要介绍怎样提高展现量。要提高展现量，就得要求排名靠前，那么如何才能使排名靠前？

自然搜索，顾名思义就是在搜索引擎里找到与搜索引擎请求最相关的匹配页面的方法。自然搜索结果仅仅与搜索请求的相关程度有关，而与点击付费没有任何关系。自然搜索的内容，从大方向来说，无非是从宝贝类目属性的填写、标题的优化、DSR 和好评率的维护、上下架等方面入手。这些大家耳熟能详，没什么好谈的。但是就细节而言，从类目属性的填写到标题的不断调整、上下架的概念和要注意的事项，这些都要讲解，同时还得介绍影响淘宝排名搜索的机制。细节方面的内容较多，很难简单概括。

有些事情心里就算明白，但要把明白的事情通过文字和语言准确完整地表达，又要通俗易懂，让人印象深刻，并不容易。即便一个人的表达能力再好，他表达出来后再到接受者的脑子里一定会有信息的流失。比如你匆匆看过一遍，会流失一部分信息，再到你看完并吸收到自己的脑海中，又会流失一部分信息，最后到完全形成你自己的看法和理解，再流失一部分信息。这也是为什么我们以前上学读书时，对于特别重要的课文，老师要反复讲述，并让我们自己反复琢磨理解、精读细读。因为一般情况下我们看书，如果随意翻翻知其大概，最后至多能理解作者百分之三四十的意思。所以，我会尽可能地在表达的时候不要流失太多信息。

技术性的东西比较严谨和拘束，为了照顾到每一个基础不同的朋友，做到面面俱到，我不敢写太多操作和技术即所谓的纯干货，而是更愿意去写思路和思维意识方面的内容，这是因为意识是道，技术是术。术如果凌驾于道之上，那一定会跑偏，会走火入魔。

前段时间，我和一个刚刚认识的朋友聊了好久，非常投缘。那朋友是做女装运营的，年纪和我差不多，但是经历和阅历比我要多，并且运营做得非常出色。我们谈了很久的淘宝运营、产品、供应链等。虽然聊了很多东西，但很少聊到推广。说实在的聊淘宝，其实聊的更多的就是产品生产、品质、成本等这些似乎和淘宝无关的内容。他说你看一个店铺风生水起，一天卖上1000单，其实推广手段无非就是那几招：钻展、直通车、自然搜索、聚划算等。但是，他的店铺之所以成功，是因为他背后的整个产品品质以及供应链，包括团队执行力和老板的意识等，在背后支撑整个店铺的无形的东西太多。这也是为什么单从表面上看，去模仿成功者的款式、推广手法等却成功不了。因为对别人店铺的品质、生产节奏、库存、面料等整个战略层面上的信息，你不了解也看不到。学到他人表面的招数，没看懂内功心法，东施效颦反而越来越"丑"，还不明白错在哪里。

对产品本身了解得不够透彻，很难给设计方提出建设性的建议，也很难给生产加工方提出建设性的建议，也就没办法完全让他们理解，从而解决问题。由于品控、版型和面料上的不足会错失很多机会，使得很多产品在推广中途夭折。可能有的人会感觉我说得有点过了，做淘宝运营要对产品生产所涉及的问题全面掌握才行吗？那么多人不懂，不还是做得好好的？懂和不懂是有很多区别的。比如你拿到一件衣服就明白该用什么样的成本控制，以便更好地适应淘宝同类的价格竞争，就知道这衣服的最大售后问题可能在哪里……这就是熟知产品本身的内容所致。

|8.2| 什么是自然搜索

在淘宝搜索产品，搜索到了并点击，才算是真正进入了你的店铺，给了你的店铺流量。自然搜索，如同免费版的直通车。要提高流量，就要提高展现量和点击率。在网民搜索查询时，如果您账户内符合网民搜索需求的关键词被触发，该关键词所对应的创意将出现在搜索结果页，称之为关键词和创意的一次展现。一段时间内您获得的展现次数称之为"展现量"。在您的推广结果展现时，如果网民对您的推广结果感兴趣，希望进一步地了解您的产品和服务，可能将会点击访问您的网站。一段时间内您获得的点击次数称之为"点击量"。点击量除以展现量，得到的数值称为点击率。

自然搜索的展现量越高，图片点击率越高，那么自然搜索量才越高。要想提高自然搜索量，需要在提高展现量和点击率上下功夫。提高网站展现量，搜索排名网站权重很重要，做好网站权重是必要的，主要从下面几点入手。

（1）网站高质量内容。

（2）网站的更新频率，转载内容进行伪原创。

（3）网站的友情链接及外链。

（4）网站域名年龄和空间的选择。

　　如果你自然搜索排名第一，别人的排名第十，而点击率远远高过你，他一天获得的免费自然搜索流量就要比你的多。所以不能只追求搜索排名，也要想想如何提高图片点击率，做到双管齐下、万无一失。如果你的排名没有任何变化，但是点击率翻了一番，这就意味着你的流量多了一倍。

　　在免费的自然搜索流量中，决定宝贝排名靠前的因素如下：

（1）销量乘以价格的数值（在天猫更加明显）。

（2）类目和属性的优选。

（3）标题的优化。

（4）上下架时间。

（5）搜索关键词的转化率。

（6）DSR 动态评分。

　　和百度 SEO 一样，淘宝搜索引擎是不会告诉你影响排名的所有因素，更不会告诉你决定排名的具体计算公式。所以，不要指望把所有的影响排名因素都摸得一清二楚。另外，就算你清楚，也不要管。我再三强调一个观点：人的精力是有限的，抓重点！

　　上面几个，就是个人认为目前主要影响排名的因素。

　　淘宝引擎的模式和百度搜索引擎大不同，但有一点是相同的，就是搜索引擎永远都会把用户最想要的、搜索引擎认为最有价值的信息或产品排在前面。可以将搜索引擎当作一个人，从他的角度去考虑问题，如果是你，会把什么产品排到最前面？想明白了这一点，你会想明白很多。

| 8.3 | 类目的选择

发布产品的时候，如果你销售一款连衣裙，肯定不会放到外套这个子类目上发布，如果你的连衣裙是圆领，肯定不会把属性填成娃娃领。这些都是显而易见的事情，不会弄错。但是有的时候发布一款产品会让你犹豫不决，这到底放哪个类目好？产品属性到底填哪个正确？因为你感觉选择的类目或者属性并不单一。举个例子，发布一款孕妇连衣裙（专门给准妈妈穿的），这款孕妇连衣裙的领子像小翻领，又像西装领。同时，版式既可以说是韩版的，也可以说是日系的，类目和属性是随意填写，还是存在一个正确判断和选择的标准而不能随意填写。这就是本节要讲的内容——类目和属性的优选对自然搜索的影响。

类目主要是指网上电子商务平台为适应当今时代的消费人群在网上商店有针对性地选购各种各样的商品而对商品做出的归类。电子商务平台通过对商品的归类，对系统内各个店铺起到了规范和引导作用，有利于网购人群快速定位所需要的商品和服务。类目对加快电子商务时代的步伐起到了促进作用，提供了极大的方便，在人们对物质消费需求和生产资料的分配均匀化方面起到了相当大的作用。比如，在淘宝搜索"羽绒服"或"毛呢大衣"两个关键词会发现：无论是自然搜索结果页面的展示，还是右侧和最底下的直通车图片展示几乎都是女装，而不是男装。羽绒服或毛呢大衣一定是女人的专属吗？应该有男款的羽绒服和毛呢大衣或者有小孩、老人的款式，但为什么在"羽绒服"或"毛呢大衣"未加"男女"字眼的关键词时，淘宝结果直接显示女装呢？为什么不均匀展示，在一个页面里既有老年羽绒服，又有男款羽绒服和儿童羽绒服？这就涉及类目优选的概念。

淘宝掌握着大量的数据，完全可以根据数据统计出平均100个人搜索"羽绒服"三个字的时候，有多少人是想购买女款羽绒服，多少人是想购买男款羽绒服。同时，淘宝也清楚每天成交的羽绒服是女款羽绒服最多，表示女款羽绒服市场容量是最大的。把淘宝看成是一个购物大厦，许许多多的店铺是大厦里面的专柜。对于购物大厦来讲，它肯定会把人流量的销量用到最大化。所以，淘宝通过数据分析会导致这样的布局：它会优先展示女款羽绒服。这就是为什么不管男款服装做得多么优秀，直通车质量多高，只要搜索"羽绒服"或"毛呢大衣"这类词汇，男款一定不会抢占最前面。就算有男款，也是少数几个。你想要搜索男装羽绒服，那就直接搜索"男羽绒服"这类关键词即可。

回到第一个例子——孕妇连衣裙，如图8.1所示，当你在发布的页面搜索"孕妇连衣裙"的时候，系统推荐的类目，排第一名的是"孕妇装"类目下的连衣裙，而不是"女士精品"类目下的连衣裙。

应该选择排名第一的类目，因为这是系统推荐的第一名，是淘宝默认的优选类目。也就是说，当搜索"孕妇连衣裙"的时候，淘宝系统默认展现发布在"孕妇装"类目下的衣服。如果你想当然地放在"女士精品"类目下，哪怕你的宝贝销量等各方面都很优秀，在搜索"孕妇连衣裙"时也不容易被发现。所以，当你不熟悉产品归属于哪个类目最优的时候，可以用一个精准的关键词通过前面讲的办法先搜索，再选择系统推荐出排名第一的类目，这是最匹配的。

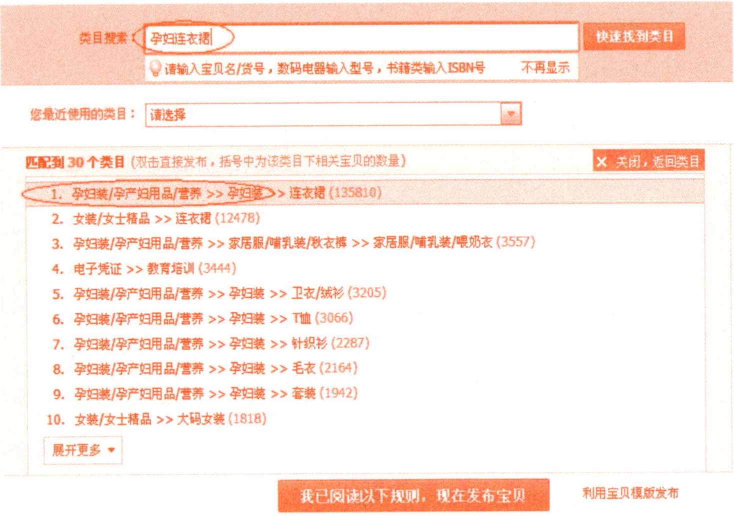

图 8.1　选择分类

|8.4| 属性选择的正确性

　　类目确定后，该如何填写属性呢？接下来就要解决这第二个问题，属性是对象的性质与对象之间关系的统称。比如孕妇连衣裙，在类目的属性填写里是选择韩版，还是日系呢？因为这一类的概念很抽象，大多时候你可以说它是韩版，也可以说它是日系，没有国家标准，似乎都可以填写，那么你应该怎么选择呢？如图 8.2 所示。

　　如果你的店铺整体风格强调的是日系，那属性一栏就毫不犹豫地填写日系。但是如果你的店铺没有明显的风格，只想知道属性填写什么对搜索更有利，能带来更多流量，这就需要进行数据分析。分析对于在淘宝上搜索和购买"孕妇连衣裙"的人是搜索韩版风格的人多，还是搜索日系的人多？哪种风格被搜索的多，就代表在其他条件不变的情况下理论上能获得更多的流量。

图 8.2　如何确定属性的正确性

用什么工具进行数据分析呢？比如"数据魔方""生意经"等都可以，还可以用完全免费的"淘宝指数"。在此以"淘宝指数"为例，如图 8.3 所示。

图 8.3　淘宝指数

在"关键词"一栏中输入"韩版孕妇连衣裙"和"日系孕妇连衣裙"，可以看出这两个关键词的搜索指数差距。通过收费的工具"数据魔方""生意经"等，能更精准地查询一些细致的数据。这里不一一举例，只想说明一个道理：填写类目和属性，不是随便乱填。

任何事情都要考虑两面性，不要一味追求数据的大小，关键是要仔细思考，什么才是合适自己的。比如上述例子中，选择韩版属性搜索量高，同时意味着竞争高，想要排名靠前必须有能力争取到强有力的权重。而选择日系属性，虽然搜索人数少，但同时竞争也少。你是想过五关斩六将，还是想轻松鹤立鸡群？选择哪个没有绝对的对错，你自己说了算。做淘宝，一定要懂得用数据去指导行动，不能什么都靠感觉。但也不能受制于数据，要根据实际情况量力而行。

❙ 8.5 ❙ 淘宝 SEO 优化怎么理解

淘宝本身有属于自己的搜索引擎，在淘宝搜索某个产品的时候能搜出一大批产品。所以针对淘宝有淘宝 SEO 的说法，也就是研究和琢磨如何让自己的产品在淘宝的排名靠前。

围绕着淘宝店铺展开的一系列工作都是在做淘宝 SEO。因为做这些工作的目的就是为了把产品卖得更多，而为了卖得更多，不管是对 DSR 的维护、对点击率和转化率的研究等都是有意无意地在做淘宝 SEO 的工作，这些工作和淘宝的搜索排名息息相关。

很多人把淘宝 SEO 单纯地理解为上下架和宝贝标题的优化，这不够准确。传统的淘宝 SEO 即淘宝搜索引擎优化，是通过优化店铺宝贝标题、类目、上下架时间等来获取较好的排名，从而获取淘宝搜索流量。广义的淘宝 SEO 是指除去淘宝搜索引擎优化以外，还包括一淘搜索优化、类目优化、淘宝活动优化等，也把它叫做淘宝站内免费流量开发，即是最大限度地吸取淘宝站内的免费流量，进而销售宝贝。

I 8.6 I 几大关键词种类你知道哪个

这里来讲讲宝贝标题的优化。说得更直白一点，就是淘宝店铺里的产品标题，应该如何填写？宝贝标题的填写是各个关键词组合的过程。把各种关键词巧妙地组合在一起，就成了一个宝贝标题。

通常说的淘宝热词、大词，顾名思义，是指每天在淘宝上搜索量非常高的词汇。下面先介绍几种词汇。

（1）长尾关键词：相对于热词、大词来说，长尾关键词的字数往往比较多，词汇比较长，甚至可以是一句短语，存在于内容页面。除了内容页的标题，还存在于内容中。长尾关键词带来的客户转化为网站产品客户的概率比目标关键词高很多，因为长尾词的目的性更强。存在大量长尾关键词的大中型网站，其带来的总流量非常大。例如，目标关键词是服装，其长尾关键词可以是男士服装、冬装、户外运动装等。长尾关键词基本属性是可延伸性，针对性强，范围广。

（2）大词、热词：特点是搜索量大，意味着如果你排名靠前，就能获得更多的搜索流量，但是，总体来讲转化率会比较低。

（3）长尾冷僻词：相对大词、热词，搜索量小。有些搜索量小的长尾词，可能一百个关键词，加起来一天的搜索量都抵不过

一个大词。不过，总体来讲转化率会比较高，因为更加精准。

比如大词"羽绒服"。你不知道搜索"羽绒服"的人，心里的具体购买意向是什么，他很有可能要购买的是一件中长款的圆领带毛领的女装羽绒服，如果你的产品不是这种，那他虽然搜索的是羽绒服，看到你的产品图片，却少有可能点击它。所以，大词热词转化率相对低。而长尾关键词，比如搜索"中长款红色貉子毛领女羽绒服"，他的购买意向非常明显，搜索出来的产品基本上都是直接符合他意图的，所以，长尾词转化率相对高。

I 8.7 I 内部商城的搜索结果怎么优化

前面几章讲了如何优化外部搜索引擎的搜索结果，那么，如何优化内部商城的搜索结果呢？毕竟有很多顾客是直接进入淘宝总页面，通过网站的内部搜索引擎来寻找商品的，因此，这部分的商机也绝对不允许放过。

仔细观察可以发现，淘宝默认情况下是按结束时间排序的，离结束时间越短，排名越靠前。也就是说，剩余时间越多，被过滤掉的机会越大。就算是不被过滤掉，如果剩余时间再多点，对排名提前也没有用。试想，宝贝排在第 50 页有意义吗？几乎没人会去看第 50 页的。自然，排在前 5 页应该会受到关注。那么，怎样才能排在淘宝前面呢？

1. 宝贝巧上架

（1）时间选择。淘宝里可以选择的上架时间有 7 天和 14 天。

有人偷懒，选了 14 天，那自然丢失很多机会。最好选择上架时间为 7 天，这比选择 14 天多了一次下架的机会，可以获得更多的宣传空间。

（2）分批上架。理想中开店宝贝要多，比如 700 件，每天上架 100 件，这 100 件又在一天的不同时间发布。这样可以保证每天每时刻有不同的宝贝。当人们进入快要结束的宝贝页面后，就看你有没有本事吸引买家看其他宝贝。有人问，没那么多宝贝怎么办。确实，原则上是宝贝多比较好，但少也没关系，要注意上架时间。就是要你在线时宝贝快结束，同时你在线时买家上线的可能性比较大。

（3）商品一定选择在黄金时段上架。在具体操作中，可以从 11 时～ 16 时、19 时～ 23 时，每隔半小时左右发布一个新商品。为什么不同时发布呢？因为同时发布容易同时消失。如果分隔开发布，那么在整个黄金时段内，你都有即将下架的商品，这可以获得很靠前的搜索排名，带来的流量也肯定会暴增。

（4）每天都坚持在两个黄金时段发布新宝贝。这一点估计是最难做到的，尤其是对兼职卖家来说。前提是您要有足够多的宝贝来支持您这么做。每天都有新宝贝上架，那么一周之后，也就每天都有宝贝下架，周而复始。对于宝贝数量巨多的卖家，在其他时段也可以发布一些，只要您坚持做好细节，每天的黄金时段内您都有宝贝获得最佳的宣传位置。

2. 和过滤器一起走

看所有宝贝点击一下"过滤器"，发现这里跟刚才的区别不大，主要是按时间排序的，将不属于该过滤器的宝贝剔除，不对买方显示。

3. 消费者保障

点击"消费者保障"，显示的宝贝列表减少很多。为什么？这个过滤器把不是"消费者保障"的全部滤掉。有些买家对信誉特别看重，专看"消费者保障"的宝贝，所以他们会选择这个过滤器。加入消费者保障对卖方是很好的选择，同时旺铺还可以打折。

4. 小窗推荐

过滤器"小窗推荐"下显示的都是橱窗推荐的产品。要争取更多的橱窗推荐机会，同时把最有可能引来流量的商品作为橱窗推荐。相信大家都会有这样的体会：宝贝太多，但是橱窗位很小，要怎么办呢？有一个小技巧，就是把所有的橱窗推荐位都用在即将下架的宝贝上。只要合理安排，您的推荐位会发挥巨大的威力。

5. 淘宝集市和闲置拍卖

相对而言，淘宝商城属于官方认证的商家，而原来全免费的淘宝网站统称为集市。一般来说，集市个人卖家比较多，它没有淘宝商城那样繁杂的认证过程，出售的商品也不像淘宝商城那样专业统一。但是集市店铺商品种类众多，是目前淘宝主要的消费门户。

通过淘宝二手闲置市场卖出没用的物品，既避免了浪费又节约物品。登录进入自己的淘宝账号，点击左侧"特色购物"一栏中的"闲鱼"，进入淘宝二手闲置页面。在该页面可以直接发布闲置物品，发布成功后淘宝闲置物品怎么卖就解决了。

特色购物

淘宝女人	淘宝男人	中老年
闲鱼	拍卖会	全球购
批发里贩	淘宝众筹	爱逛街
中国质造	淘女郎	企业购

图 8.4 淘宝指数

6. 热点收藏

热点收藏是指聚宝盆里的东西，这里讲的是收藏人气。淘友为什么收藏？因为商品好，值得收藏啊。那么，为什么有些商品很好却没人收藏呢？很大原因可能是他们没注意到。针对这点，卖家可以提供"物美价廉"的商品，在商品页显眼的地方提醒："觉得好，就收藏一下吧，方便以后好找……"

7. 选择价格排序

价格排序主要是按价格从低到高排序，很少有人会选从高到低的排序。显而易见，谁的价格低谁在前，比如会看到有卖 0.01元的宝贝，不用理会。当然，不能太低价，该卖多少还得卖多少。有些低价是诱饵，这是不诚实的表现。这里主要谈谈运费的问题。有些卖家显得很大气，标榜"卖家承担运费"，其实运费几乎都算到商品价格里，比如 50 元的商品，10 元的运费，在"卖家承担运费"的条件下，商品价格可能变成 60 元。这种包括运费的商品价格在排序中自然不占优势。还有一些宝贝涉及"分散定价"，比如 1 大袋茶叶 200 元，要是其中 1 小包价格会低得多。有些卖家会利用这点技巧使自己的宝贝在价格排序中靠前。

8. 选价格范围

价格范围是买家输入的心理价位范围。这也是刚才谈的不用理会 0.01 元定价的原因。在"价格范围"过滤器下会列出商品的实际价位，这也是制定理想价格的基础，不要太高，也不能太低。

9. 阿里在线

选择"阿里在线"过滤器后，会把卖家没在线的宝贝全部过滤掉，这个过滤器会是买家首选。试想一下，你要不在线，就算发现你的宝贝，也没法与你交流，除非你的商品独一无二。

最根本的原则是经常更新网店，道理不言而喻，更换页面会给人耳目一新的感觉，不要老是用一种页面，那会让一些店友感到厌烦。如果您的店里近期实在没有其他项目，也没有新产品，可以调换几种商品的位置或加入新的文字，这都会优化你在淘宝等网站的内部搜索结果，总之，要经常更新才能吸引顾客。

┃8.8┃ 淘宝新手看不到的问题

这节给大家讲几个重要的却又往往容易被淘宝新手忽略的内容。

（1）如果你想某个关键词排名靠前，那必须在宝贝标题里包含该关键词。

（2）即使你包含该关键词，要想获得好的排名，该款宝贝的销量是关键因素。

（3）要想获得好的排名，该关键词的点击转化率也起到关键作用。

（4）要想通过搜索某关键词带来流量，不是因为你的关键词搜索量大，而是需要你的关键词有一个好的排名。

第一条内容（1）是基础中的基础，比如你要销售羽绒服，想要去参与"羽绒服"这个词的排名，那你的标题里必须要包含这个词。

第二条内容（2）是关键因素。近几年网络上某些小部分不靠谱的培训或文章，总是一个劲鼓吹通过标题的优化就能带来海量的流量，通过标题的优化就能让流量翻倍等不适言论。但闭口不谈销量对排名的影响，把销量这个大前提给抽离掉，以至于很多人误入歧途，不管销量有多少，却只在标题上大做文章，最终自然得不到海量流量。但是他们以为自己标题还不够好，继续浪费时间优化标题。如此恶性循环，根本没有抓住重点，到头来也不知道为什么自己的流量总是止步不前，比其他人少。所以请记得，要想关键词有排名，一定是建立在销量基础之上的。没有销量，几乎不大可能在关键词上获得好的排名。除非是特别长尾的关键词，几乎没有竞争对手，才可能有排名。但是特别长尾的关键词搜索量是非常小的。要想获得搜索量比较大的关键词排名，就必须要具备一定的销量。

做淘宝关键词优化，要有明确的思路。当宝贝销量少的时候，宝贝标题里多填一些生僻的冷门词汇，因为竞争少，比较容易获得排名，从而获得流量。当宝贝销量越来越多的时候，相应的宝贝标题逐步更换成竞争大的热门词汇。随着销量的逐步上升，隔一段时间更换几个竞争比之前稍大、搜索量更多的词汇，循序渐进。同时，配合7天上下架的时间，越是接近7天下架时

间，越可以考虑更改成一些热门的词汇。7 天下架期一过，再稍微改成竞争小一些的词汇。

8.9 点击转化率

8.8 所列第三条内容（3），要想在淘宝上获得好的排名，关键词的点击转化率起到关键作用。比如你的某一款宝贝销量与同行比起来相当好，说明销量权重很高。但是如果别人搜索关键词 A，点击你的产品后，很少有人购买；而搜索关键词 B，点击你的产品后，转化率很高。那么搜索引擎会认为，搜索关键词 A 的人不喜欢你的产品，搜索关键词 B 的人喜欢。最后关键词 B 更容易排名靠前，而关键词 A 不容易获得好排名，即使销量不错。所以，不要为了搜索排名而纯粹去做优化，乱加关键词。很多人看到某个关键词的搜索量很大，就不管自己这款产品是不是符合这个关键词，也写在标题里。结果看的人都不买，转化率很低，那关键词终究很难获得好排名。

你想要流量是为了什么？目的是卖产品。用一个夸张的假设来说明这个道理：当某个关键词每天搜索量几十万次，使你排名第一，每天进入你店铺查看你这款宝贝的人很多，但是几乎没有转化，那又有何用？效果还不如一天搜索量只有几十次却能很好转化的词。

8.8 所列第四条内容（4），要想通过搜索某关键词带来流量，不是因为你的关键词搜索量大，而是需要你的关键词有一个好的排名。很多人做优化总是忘记这点，看什么词搜索量大就在标题里加什么词。关键词只是使搜索量大，那它有什么用？搜索量再大，500个宝贝里根本找不到你的产品，你获得的流量照样可能为0。搜索量大不等于流量多，好的排名才能带来流量。否则，还不如一个搜索量小却排名靠前的冷僻词，至少它能给你带来一些流量。

I 8.10 I 标题怎么体现关键词

搜索引擎会自动识别和分词，比如"冬季长袖连衣裙"这个词包含"冬季连衣裙""长袖连衣裙""连衣裙"等词汇。一个宝贝标题表面上看没有几个关键词，实际上可以组合出非常庞大的词库。有些买家搜索的是非常生僻冷门的词，你没有想到也没有关注和查询过，但是这些词无形中可以在你的标题里拆分组合出来，从而使你的产品被买家搜索到。

随着销量的增多，标题逐渐变成热门的关键词，让你的标题能组合出来的关键词中热门的词比例提高。比如"冬季圆领红色可爱小熊图案大毛毛外套"和"秋冬韩版修身中长款双排扣貂子毛外套"两个标题，明显后者组合出来的关键词更热门，也意味着后者竞争力更大。这两个标题都是销售同一款产品，拆分前一个标题，把"冬季""圆领""红色""可爱"等词当作词根，组合出很多关键词和短语。而拆分后一个标题，把"秋冬""韩版""修身""中长款""双排扣"等词作为词根，组合出来的关键词搜索量和竞争度比前一个标题大。因为两个标题里面包含的词根本身的搜索量和竞争度不可同日而语。

要想在标题里同时包含"冬季羽绒服"和"冬季长款羽绒服"的时候，不需要组合成"冬季羽绒服冬季长款羽绒服"，而是直接组合成"冬季长款羽绒服"即可。很明显，后者已经包含"冬季羽绒服"和"冬季长款羽绒服"等词。

不要一味只考虑搜索量，在标题里出现和产品相关的关键词，增加点击率也是很重要的。排名再好，也只是展现量大而已，要人点击你产品，才是真实地增加入店流量。比如在标题里适当加"疯抢"或是"今日最优惠"等一些可勾起点击欲望的词汇。

8.11 标题优化也要注意度的把握

关于标题的优化，还有一些更细致的做法，可以在标题里故意加一些错别字、拼音字母。由于键盘打字的失误或是常规性认知错误等，这些词汇也会有人搜索。比如很多人想搜索"外套"，就会搜"waitao"。这可以通过淘宝指数查看，确有其事。

这些细节方面的东西一带而过，不是我故意保留，而是我不想引导和提倡大家做一个技术控。做淘宝，不是在这些所谓的技术、优化上大做文章。而是在真正的产品品质、服务及营销、策略等方面努力。比如做女装的时候，店铺款式很多，我只会在一些有销量、有竞争力的产品上修改标题，一般的、销量不太好的产品可以不用频繁更改，没必要花太多心思。标题优化之类的技巧，不可能让你反败为胜，把本身不好的产品统统销售清空。

很多小卖家认为自己技术高深，但要清楚你并不是一个技术员，而是在做生意。至于直通车、标题优化等技术操作方面的知识，不能完全不懂，但了解、够用即可，别钻研得太深入，否则会误入歧途，越走越偏。我了解很多年销售额几千万甚至更多的朋友，他们的推广和运营都研究得没那么细，水平说不定还不如你，但他们明白重点不在技术方面。别被网上成千上万的技巧和秘籍弄迷糊了，想想线下实体店，要明白做生意什么才是最重要的。

| 8.12 | 你不知道的淘宝自然排名几大要素

虽然现在的淘宝搜索是千人千面，但是默认搜索依然是流量最大的一块。什么是默认搜索？即在淘宝搜索某个关键词，不经过任何的搜索条件筛选，系统默认展示的搜索结果页面。

在淘宝搜索绝大部分的词汇，排前三名的都固定给天猫店，俗称"豆腐块"。之所以称之为"豆腐块"是因为在淘宝中搜索与一件商品相关联的关键词时，这几个位置展示的是相对比较固定的产品。因此，一般这个位置会长期被爆款产品霸占。如图8.5所示，当搜索"羽绒服"的时候，第1到第3的位置都是固定给天猫的。

要打造爆款，天猫比淘宝C店（淘宝C店是个人店铺、集市店铺的意思）有先天的优越性。这"豆腐块"的三个位置是怎么选择出来的？前面提到过决定排名的主要因素。

（1）销量乘以价格的数值（这在天猫更加明显）。

（2）类目和属性的优选。

（3）标题的优化。

（4）上下架时间。

（5）搜索关键词的转化率。

（6）DSR动态评分。

对于天猫的"豆腐块"，上面几个因素里，上下架时间基本不考虑在内。不管你是不是快要下架了，搜索某个关键词时，这个关键词对应出来的"豆腐块"一旦被你占牢，你就可以占据很长时间。

图8.5　搜索"羽绒服"

对于淘宝集市C店，默认搜索结果页面，目前影响排序因素最大的还是上下架时间。也许有的朋友不知道，以前C店的上下架是从你产品上架的7天后下架的，需要你手动再上架。而现在的上下架只是一个时间节点上的概念，实际上一直处于上架状态。现在的7天上下架，只是代表7天为一个周期。比如你是

2015 年 1 月 5 日上午 10 点上架，那么在 2015 年 1 月 12 日上午 10 点整，瞬间就算下架。从 1 月 12 日上午的 10 点整，又算是一个新的上架。上一个 7 天周期的下架时刻，也是下一个 7 天周期的上架时刻，如此轮回。

越是接近下架时间，宝贝在上下架这个因素上面的权重越高。权重是一个比较抽象的概念，具体来说就是网站的重要性。在默认搜索结果页面快要下架的宝贝总是能够有更大的可能排名靠前。比如：你的某款宝贝离下架还有 24 小时的时候，假设搜索"羽绒服"，你排名在第三页；当离下架还有 10 个小时的时候，可能排名就跑到第二页。到了最后的几个小时，可能就跑到了第一页。越是离下架时间近，越是可能跑到前面。

除了天猫"豆腐块"前三的其他位置，不管是天猫和 C 店，都把上下架时间这个因素作为搜索排名的一个重要因素。只不过，C 店的上下架权重比天猫店来得还要高。可能有的新手朋友有疑惑：为什么我的宝贝快下架了，直至离下架的前一刻都没有排到最前面呢？请注意，刚刚一直在说这是增加排名靠前的可能性，但是不代表你快下架了，就一定排名很靠前。淘宝每天那么多的同类型宝贝，有大批的宝贝和你的差不多同时下架，比如搜索"羽绒服"这个关键词，接近 800 万件宝贝，如图 8.6 所示。

图 8.6 搜索"羽绒服"

搜索结果中决定排名的因素有很多，上下架时间权重占的比例较高，但并不代表是唯一决定因素。和你同样接近下架时间的宝贝很多，而淘宝一个页面只能承载有限的展示位置。所以，淘宝会在同样都要快下架的宝贝里，用其他维度作比较，比如销量、动态评分等。

| 8.13 | 销量越高不等于排名越靠前

有人会问：为什么我的销量比另外一家店铺高，他却在搜索结果中排在我前面？如果你这样想，说明你已钻入死胡同。再三强调搜索引擎的排名规则不是死板僵硬的，它的算法极其复杂。你只要知道：在主要影响排名的因素里面，做到每一点都尽量优秀并超越别人，就有更多的机会获得好的排名，获得更多的免费自然搜索流量。你不能利用某种规律和公式套出来，要完全清楚排名规则。一天到晚钻牛角尖，疯狂研究排名规律，试图找到答案的人，最终一定做不好淘宝。因为淘宝的本质是做生意，产品、营销、顾客满意度等因素才是重点。

做淘宝有几年经验的朋友都知道，淘宝搜索规则在细节方面时刻变化，可能几个月不接触它就完全大变样。就算天天研究细节秘籍，而且被你研究出规律来，可等到淘宝一变，你研究出来的东西又用不上了。所以，要抓住重点，不要本末倒置。官方也公布过很多次主要影响搜索结果的因素，但它时时在变。

搜索引擎是个工具，它是为用户服务的。比如当你想搜索"羽绒服"的时候，如果出现满大街的垃圾货，不讲诚信的店铺和产品被展示在最前面的时候，下次你可能再也不喜欢逛淘宝了。搜索引擎是机器，机器就有被欺骗的时候，不能保证所有搜索出来的产品都是好的。但是，这一定不是它的本意，它一定是始终朝着把最好的产品第一时间展现给顾客这个目标奋斗的。

| 8.14 | 合理安排上下架时间

关于上下架时间该如何设置？这里总结出几条规律。

（1）避免在晚上零点到早上8点这段时间上架。大家都知道，你的上架时间就是7天后的下架时间。如果你在凌晨这段时间上架，那意味着7天后的凌晨这段时间你接近下架。凌晨快下架，就算你排名靠前，又有几个人看到并购买你的产品？即便有少量顾客，但你已经休息，没人接待这些顾客。

（2）避免在星期六和星期天上架。按照7天一周期，星期六上架的会在下个星期六下架。据统计，星期六和星期天正是网购人群最少的时候。有些朋友可能不信？他们认为星期六和星期天应该上网的更多，其实不然，用数据魔方和淘宝指数一分析就明白。要谨记：越是节假日，网购人数越少，因为大多数人都出门逛街了。

（3）把你店铺的同类宝贝都错开时间上架。这点很关键，主要是因为有一个搜索规则：搜索同一个关键词，在搜索结果页里只能够同时展示同一家店铺的2款宝贝。比如搜索"羽绒服"，理论上讲，自然排名的搜索结果页面里每一页最多展现一家店铺的2款羽绒服。这是为了避免垄断，即使你家的羽绒服件件都快下架，销量和评价都很好，并且有能力排在第一页，但是也只能随机展现 2 款。所以，同一家店铺的宝贝不能在同一个时间段大量上架，时间要错开。

上述规律（3）是没有异议的，因为淘宝规则在此固定（有一些特殊情况，比如搜索品牌词之类的，尤其是豆腐块，会出现 3 个宝贝都是同一家店。或是一些很少见的情况，有出现 3 个以上，这个不是普遍状态，不在讨论范围）。

上述规律（1）（2）是有异议的，有人就说了，我的产品本来就是半夜买的人多。比如一些夜猫子喜欢的产品，那我肯定是故意在凌晨上下架，这没错的，要灵活掌握。还有人提出异议，既然大家都知道这种规律的，比如最好是在上午 10 点到下午 6 点、晚上 8 点到 11 点这段时间上架，这个时间段淘宝的人流量最高，竞争也会很大。我要反其道而行之，故意在星期六星期天上架，故意在凌晨或是错开高峰期上架，这样到时候下架，我的竞争对手就少了很多。

淘宝店铺太多，淘宝产品也太多，不管你选择在哪个时间段其实都有大量的人在上下架。有的是刻意的，有的是无意的。哪怕你故意在凌晨，难道凌晨上下架的人就不多了？虽然会比正常时间上下架的要少很多，但那只是相对少而已，比起整个淘宝宝贝的数量，根本少不了多少。你要知道，淘宝搜索结果页依然只有那么几十个有限位置。

所以别太纠结，在你的宝贝还不具备一定的人气和销量的时候，随便吧。一定的销量和人气才是让你具备获得更多排名机会的最重要因素。其他的技巧都是锦上添花，不会让你零销量或是几个销量的宝贝一飞冲天，指望通过上下架来获得很大的流量和销量，简直是痴人说梦。而当你手里有爆款的时候，要好好利用上下架时间，越是人气火爆，越是什么时候人最多，你就放在什么时候上下架。

个人的观点是，在你有人气款的时候，好好考虑上下架时间。一般来讲，错开凌晨即可。因为凌晨人流实在太少，可能你也休息，没人接单。当然有些大店，24 小时有人值守。其他的款刚刚上架时候，不要太纠结，排名技巧没网上说的那么神奇。过于夸大这些技巧的作用，使得一些小卖家整日在这些事情上面浪费精力。

怎么修改上下架时间？很简单，在你需要的时间点直接下架，然后再立刻上架即可。不要讲究太多，怕影响不好。另外，还可以用一些工具，比如生意经。

| 8.15 | "豆腐块"的排名有什么规律

"豆腐块"是指在淘宝搜索按人气排名和所有宝贝搜索排名中第 1 ～ 3 名的位置，包括商城产品。之所以称之为"豆腐块"是因为在淘宝中搜索与一件商品相关联的关键词时，这几个位置展示的是相对比较固定的产品。因此，一般这个位置会被爆款产品长期霸占。

"豆腐块"不考虑上下架时间，那它的排名有什么规律呢？主要是以下几点：

（1）宝贝动态评分。评分好的，排名占很大优势。

（2）销量 × 价格的数值。销量乘以宝贝价格得出的数额越高，排名越占有利地位。尤其是天猫，非常明显。比如别人销售一件衣服500元，你销售一件衣服100元。他销售10件，在销量上取得的权重相当于你销售50件。这不是绝对的，但意思大体如此。

（3）搜索关键词的转化率。当搜索"羽绒服"的时候，你的转化率远远高于同行，搜索引擎会认为，对于搜索"羽绒服"的买家来讲，你的宝贝是这些买家需要的，于是会给你好的排名。

本章主要是讲上下架以及豆腐块的话题，但是请大家记得，对于淘宝的自然搜索排名，如果一定要找出最能影响排名的因素，非销量因素莫属。

你想获得较多淘宝的自然搜索流量，就需要在点击率、转化率、动态评分等方面下功夫。提高点击率，需要有好的产品款式和图片。转化率受到很多因素的影响，比如产品本身的价格款式、详情页优化、评价、客服水平、店铺装修等所有的有形无形的因素。动态评分反映产品品质、服务态度、发货速度等。这些方面都做得很好，代表你能够卖得更多；卖得更多，表示你的销量乘以价格的数值，即营业额多；营业额多，搜索自然流量才会多。所以，平时所做的一切都会促进自然搜索流量的增大。

很多小卖家，为什么苦苦钻研自然搜索规律，但获得的自然流量不多呢？原因是本末倒置了。小卖家总想通过自然搜索的规律和捷径去解决流量问题。而淘宝规则是点击和转化以及品质、服务、发货等都做好的时候才把流量给你，反之不然。所以应该把注意力更多集中到提高点击率和转化率上。解决了这两个问题，意味着有更多的销量；销量越多，越能得到流量。当店铺进入这样的良性循环时，根本不需要刻意地研究淘宝自然搜索排名的规律。

很多人会说这是一个悖论，我都没有流量，怎么卖出东西？

所以，我要先流量后销量。没有流量，哪来转化？不对。大家要知道淘宝新店有扶持流量，新款上架也有扶持流量。销量才是关键。如果流量实在不够，初期适当刷几个（不是鼓励"刷"，而是在的确困难的时候或在一个款刚刚上架销量为 0 的时候，为了引流，"刷"是一种辅助行为，要适量为之，不要指望"刷"能干什么大事）。

在有限的流量里，如果你能竭尽所能把转化做好，交易增多，流量自然会多起来。淘宝新店得到机会，要是不能成交，流量会越来越少。反之，流量才会越来越多。先考虑宝贝的转化、详情页优化、产品本身的竞争力。想办法去解决这些问题，否则就没流量，到最后只能通过钱去买流量。淘宝的本质是生意，当一个人把全部心思都放在研究淘宝规则和搜索规则上时，店铺离倒闭就不远了。再者，淘宝搜索规则经常有细微变动，沉溺于研究细致的算法，就算被你研究出来几点，而规则一旦变化，难道你要重新研究吗？让自己的产品优秀，让自己的店铺综合实力优秀，这才是永恒不变的获得更多流量的不二法门。做淘宝，流量不需要刻意去拿，而要淘宝主动给。

第9章

维护好淘宝店的口碑

　　除了可以利用淘宝店一些规则来提高转化率外，口碑是延续销量和回头客的一种好方法。

本章主要了解
- 口碑的形成
- 积攒口碑
- 制造引爆点

| 9.1 | 没什么比口碑更能打动人

　　先了解什么是口碑。口碑，在辞海中被解释为"比喻众人口头上的称颂"。传统意义上的口碑主要是指非商业的关系好的个人间关于产品和公司的面对面交流，由于多发生于亲戚朋友等密切关系人群中而具备了很大的影响力。可以说，口碑是所有宣传中最能够让人相信的手段，因为口碑的基础是没有任何商业利益的，是朋友之间的自然推荐。一次性消费的叫做推广，能够引来回头客的那叫口碑，哪个更好，小伙伴们自然是心中雪亮。

　　任何营销都是卖东西，但未必一定是实物，也可以是品牌、是形象、是信息，而口碑则是这场销售中最有价值的物品，"金杯银杯不如口碑"，这句话金不换。所以，别总是想着用各种推广渠道直接拉客，特别是直接在微博上发产品销售链接的方式最不可取。

　　有人认为口碑不易得，而品牌容易获得。笔者想先纠正这个误区，花钱得到的是名牌，名牌易得，花钱广而告之即可，而品牌不易得，这需要口碑积累和品质的保证。有名气的牌子和有品质的牌子，本身是有高下之别的。因此，口碑对于企业非常重要。

　　也有人说，口碑对于大中型企业很有用，对于其他的企业或个人则用处不大。笔者以为不然，哪怕是一个小卖部，在社区里有个好口碑，效果好过天天促销特卖。因此，在营销中口碑必须是第一位的。

　　总而言之，所有的营销其实归根到底都要实现一个好口碑，即口碑营销。如何运用微博做到口碑营销呢？先看一个在网络营销人中津津乐道的故事。

　　美国加州有一个名叫布伦南（Samuel Brannan）的报刊出版人，在1848年3月的一天，他将自己积蓄换来的黄金粉末装在小瓶里，然后来到了圣弗朗西斯科街头，一边挥舞着小瓶一边大声地喊着："金子！金子！金子从美国河来！"。别小看这一声声简单的呼喊，很快这声音被传遍了美国，更传遍了全球。一股向加利福尼亚进军淘金的移民潮开始兴起，一夜之间无数的人赶往美国河所在的这个小镇，开始他们向金山的冲刺。短短3个月内旧金山人口便从500人激增到25 000人。其中许多华人作为苦力被贩卖至此挖金矿、修铁路，备尝艰辛。而这里亦成为美国淘金热的中心，并有了一个更为中国人所熟知的名字——旧金山。

　　这是美国淘金梦的起源，也是很多熟悉历史的人所熟知的，可结局呢？无数人的淘金梦破产了，美国河中并没有数之不尽的黄金。但有一个人实实在在地实现了淘金梦，他就是布伦南。只不过他并没有去挖金矿，而是在去街头大声疾呼之前便把镇上所有的铲子、漏子等淘金工具收购一空，而当淘金者杀将过来之时再高价售出，卖得干干净净。最终，他成为加州淘金热中诞生的第一个百万富翁。当然，致富的不仅仅是布伦南一个人，真正有头脑的生意人都瞄准了淘金者配套服务这一朝阳产业，许多人在旧金山开店提供淘金者需要的补给品。当时的公司有些至今还存在，包括制造李维斯牛仔裤的李维·斯特劳斯（Levi Strauss）、吉德利巧克力店（Ghirardelli）、FOLGERS咖啡。

　　这是一个口碑营销的诞生史，也是口碑营销所引用的最为经典的案例之一。尽管这次传播带有太强的忽悠成分，却足以看到口碑的力量。通过一个点爆发，让众多和这个阴谋传播点无直接关系的人进行二次、三次乃至无穷尽地传播，形成强大的口碑效应。

| 9.2 | 口碑传播通常都很慢

大多数研究认为，口碑传播是市场中最强大的控制力之一。心理学家指出，家庭与朋友的影响、消费者直接的使用经验、大众媒介和企业的市场营销活动共同构成影响消费者态度的四大因素。这四大因素无疑直接制约了口碑传播的效率。

在某种程度上，口碑传播由于需要人与人之间口口相传，传播速度慢，如果没有特别的诱因，也容易逐步递减，扩散范围往往受到地域局限和社交圈子的宽窄而难以深度传播。更重要的是，其容易在传播中逐渐走样，沦为以讹传讹。因此，在传统的营销过程中往往较少使用口碑传播，或仅仅将其当作一种附加值来运用。

但毋庸置疑的一点是，来自口碑传播而导致的销售行为一定是非常强劲的，较之各种来自厂商的广而告之，这一优点更为突出，因为它的一大传播关键就在于必须基于一定的社交圈子来进行传播，而社交圈子的关系越强，则传播的到达率和转换率也越高。

早前笔者在微信上看到一个朋友的烦恼，她在朋友圈中表示说新居刚刚装修好，对于选择国产、日产还是韩国货很是烦恼。我给出了自己的意见，推荐了一个欧洲品牌，在微信聊天过程中她反复询问该品牌和以前犹豫不决的选择之间的性价比差别，并询问冰箱、洗衣机和空调的选择，我又以自己的产品使用体验一一解析。不久后，到这位朋友新居之中果然看到了她最终的选择，基本和我的推荐一般无二。

从上例中大家可以看出，朋友之间的口碑传播有多大效果。在日常生活中，类似这样从朋友圈中收获有益资讯并最终为自己的选择提供依据的情况，想必每个人都感同身受。口碑传播在很大程度上是没有功利因素的，较之传统的营销推广——主打从商家到消费者这一单向传播路径，口碑传播更偏重于从消费者到消费者的扩散式传播，可控性比较薄弱，且商家主动参与其中的可能性也看似较难。同时，这也反映出口碑传播的必然过程，口碑传播的结果主要体现在购前和购后两个阶段。处于购前决策阶段的消费者会受口碑信息的影响，从而产生一定的购买行为，同样，处于购后评价阶段的消费者也会受口碑信息的影响，并做出正面或负面的评价。

因此，在一般的营销推广原则中会较多地强调企业在运用口碑的过程，需要在调查市场需求的情况下为消费者提供需要的产品和服务，同时制定一定的口碑推广计划，让消费者自动传播公司产品和服务的良好评价，从而让人们通过口碑了解产品、树立品牌、加强市场认知度，最终达到企业销售产品和提供服务的目的。但这在传统传播渠道中往往难以进行，因为推广者和消费者之间并没有实实在在的交集，用老百姓描述关系好坏的俗话说，就是"总隔了那么一层"。

由于现代科技的飞速发展及经济的不断进步，消费者了解和接受信息的渠道越来越多。各类信息纷繁芜杂、蜂拥而至，常常使广大受众无所适从、不胜其扰，严重影响了消费者接受信息的主动性和积极性。所以，有不少消费者看到广告就郁闷，听到产品推广就叹气，甚至，产生逆反心理：你越喊得凶，我就越信不过你。

|9.3| 社交网络时代口碑被加速

微博、微信和各种 SNS 等社交网络的诞生，让口碑营销的实现真正有了大众基础，也让原本的那层隔膜变得越来越薄，甚至消失，更让在现代商业传播极其昂贵的环境下，通过微博实现口碑营销有了零成本的基础。因为社交网络让推广者可以直接通过社交平台和目标受众进行交流，并通过制造话题让目标受众按照自己的设定主动地传播话题。

麦片制造商 Kellogg 在英国伦敦开设了全球第一家微博商店，在这家特别的商店里顾客不必支付任何现金，可以说这边的货币就是微博。该企业此举是为了推广旗下新品"K Chips"薯片，顾客来到这家微博，只要在 Twitter 上发布一条赞美"K Chips"的微博，就能免费获得一袋"K Chips"薯片。在这家店里，微博就是一种货币。显然，这种话题制造让社交网络变成了一个口碑促发点，而这种以利益为诱导的促发，加上其好玩的模式，可以让好口碑快速得到传播。

口碑传播速度也得到了解决。传统口碑传播速度很慢，而在互联网时代这个问题得到了解决，网络传播的速度几乎可以称之为"光速"。但依然有一个问题无法破解，即传统口碑传播受限于时间和空间，往往传播范围不广，而互联网尽管没有了这个问题，但社群散落的太广，论坛、博客、新闻、IM软件等，友际交互度不高直接影响传播效果。而社交网络出现后，这种友际传播被全面强化，也使得口碑传播在社交网络上得到全面聚合，自然速度也真正实现了"光速"。

社交网络推动了口碑的深度传播。长期以来，口碑传播理论中都明确说明了这样一个概念，即通过口碑造就进一步传播，即当消费者感知的产品或服务质量超出其预期，消费者会感到满意，但满意的顾客未必都会发生口碑传播。而此时消费者若接收了与其消费经历相符合的口碑信息，就会强化其满意感，从而产生进一步口碑传播的冲动。但如何触发？在过去有太多随机性，而社交网络让这种触发变得更加容易，比如观影《饥饿游戏》的粉丝在社交网络上发表了影评后，通过推广方建立的社群组或相关话题会传播给更多的人，不仅仅可以给没有观影的人带来新鲜感，更可以触发更多观影者提供更多更丰富的精彩影评。

许多社交网络营销者很容易犯一个毛病，那就是只想着如何通过互动和传播，让粉丝们自主传播口碑，却很少去了解他们。结果还是和传统传播那样，是单向的。微博、微信以及其他社交网络都是粉丝经济。你的口碑，依赖于粉丝的传播，但许多大V和微信公众平台却从来只看重自己的粉丝有多少，很少去关注自己的粉丝在干什么。有这样交朋友的吗？一个不关心你的朋友，要他何用。以微博上的营销为例，笔者认为不爱关注别人的微博不是好微博。

有人说，一个微博能够关注的量大约是500个，超过了500人，作为收听者就很难做到真正意义上的关注。甚至还举例说某某名人，关注的粉丝不过寥寥数十个，似乎唯有如此才有大家风范。我倒是看过这类名人，除了充当发布器外几乎没有任何互动。让人很怀疑是否是名人自己在发微博。

关注这种事，其实应该随意，也就是关注你想关注的，别瞻前顾后想太多，微博就是你把它当成玩乐，反而能营销得好。如果你把它当成工具处处算计，那就不好玩了。那么，如何去了解你的关注呢？

一是关注那些你想知道的。微博上总有你感兴趣的人和事，只要是感兴趣的，不妨去关注。比如我作为一个机器猫的忠诚单相思者，就关注了若干个和哆啦A梦有关的微博，也不怕别人笑话——老夫聊发少年狂。

二是关注那些关注你的人。看起来这话有点绕，但这才是关注的最核心内容。之前说要去了解你的粉丝，并从中找到那百分之一的核心粉丝。对于这些活跃的粉丝们，最好的褒奖就是也去关注他，你都不关注他，不把别人当朋友，那他凭什么没事和你瞎叨叨。其实不管是个人微博还是企业微博都应该如此。

关注微博太多，自然会出现别人说的关注不过来的问题。其实没有必要时时刻刻守在微博上面等待别人关注和聊天，如果那样就不是微博了。微信上有帮点赞党，他们见朋友的话语就点赞、刷存在感，但其实并没有意义。

恰逢其会是笔者一直坚持的微博转发法则，每天有空的时候不定时地在微博上随意看看，看到不错的就转发一下，说上两句；没有看到喜欢的，也不打开第二页或者直接关闭网页去做自己的事情。不用担心和你互相关注的朋友觉得你不把他当回事，真有事他会在微博上用"@"大法来深情地呼唤你。微信上也是如此，别只点个赞，多少说两句，至少让别人觉得你认真看过他的生活点滴。

此外，巧妙运用微博上的特别关注来筛选自己最关注的微博，可以让你更好地和他人互动，也可以让你不会遗漏太多特别关心的人的微博内容。这个特别关注，最好不要摆在台面上让别人看见，毕竟谁都不愿意被分个三六九等亲疏远近。被你关注的人到微博上一看发现被你放在特别关注中，他未必会感谢你，但没有被中选的，他往往会责怪你。所以，特别关注这东西，做个隐藏项，自己没事偷着乐即可。

　　或许你会说，凭什么一定要依靠社交网络来传递口碑呢？社交网络就一定比过去的论坛、博客或 QQ 群更容易传递口碑吗？这个答案是一定的。其实社交网络并不是特指微博、微信或开心网等平台，过去的论坛就是社交网络。只是论坛窄了点，传播效果没现在的微博、微信好。将来或许会出现更强悍的社交网络。因此，讨论社交网络的终极口碑传递并不一定局限于某一类社交产品，而是考虑放之四海皆准的方法论。

　　【思考一下】你手上有一款新颖的智能手机亟待推广，比起同类型的智能手机，它的亮点是独特的投影功能，而且还省电。可问题是这项技术太新颖，而且这个手机品牌几乎无人知晓。你会如何做推广，用口碑吗？要知道现在消费者心中可根本没有这款手机的口碑。

| 9.4 | 没人在乎你的产品

　　很多人认为自己的产品有很多的粉丝，总是自以为是地认为只要举起屠龙宝刀，立刻可以号令武林莫敢不从。真实的情况是没有人在乎你的产品，除了你自己。如果是初出茅庐的小品牌，这就是你必须面对的残酷真相。如果你是一个知名品牌，这就是你必须不断警醒地告诉自己可能出现的危机。更为重要的是，在微博上没有谁可以凌驾于他人之上，无论你所经营的微博代表的是一个人、还是一个部门，或是一个品牌，都应该把自己当作一个人，一个平凡的人，一个想与他人真心实意交朋友的人。只有平等才能够让微博上的粉丝变成朋友，让朋友最终为照顾朋友的生意而关注你的产品，为你主动传播口碑。如何让人在乎你呢？有时候设置悬念来推新品是个好办法。比如下面这个小故事。

在2010年WCG世界总决赛开始之前，一条有关老K的流言在游戏爱好者群体中广为流传。代表中国出征美国WCG世界总决赛的Ehome.Fly（陆维梁）在微博上多次透露关于老K的信息。Fly表示，有一位神秘的星际二高手老K即将在WCG期间现身，他对此深表期待。此举也引发了广大爱好者对于Ehome俱乐部将在年内组建星际二战队的热议。

老K是谁？大家都在猜。Fly关于老K的微博短短半小时内就被转发了600多次。在开心网上，关于老K的点击也高达数万次。短短数日，在游戏人群中老K已成为热门话题。在百度搜索"老K来了"关键词，有近10万的搜索结果。而时间已经逼近悬念揭晓的时刻。随着NeoTV对WCG2010世界总决赛直播的开始，一条由Fly拍摄的TVC广告映入人们眼前，"老K是谁？"的答案最终揭晓——一款专为《星际争霸2》打造的游戏主板。它拥有由技嘉金牌主板研发的HotKey OC一键超频技术，能于一瞬间提升机器37%的性能，有效保证如《星际争霸2》等对于配置有超高要求的游戏体验，是一款畅快游戏必不可少的利器。

柯南说，真相只有一个。而悬疑片只要做得好，往往会有意想不到的效果，并且让人开始乐意去关注你的产品。当然，这种事偶尔为之就好，大多时候还是应该有选择地交朋友。

| 9.5 | 不靠胁迫或利诱

真实的口碑不但花钱买不来，靠胁迫或利诱也造就不了，病毒传播造就不了真正的口碑。很多人在微博上营造口碑过分注意短期效应。比如团购站点普遍通过抽奖、重奖等方式来传播口碑，这些或许短期能够引起很多人的关注和转发，但绝不可能长久，也不会营造真正的口碑，除非你不是团购而是福彩站点。

更多做微博营销的人很倾向于通过病毒传播的方式来创造他们眼中的快餐式口碑。比如很多微博大面积的"@"粉丝，并且通过利诱或胁迫的方式让自己的粉丝再去"@"一定数量其他听众，这种病毒性营销的方式可能真的形成一定量的转发，但这种转发不仅带有骚扰性，也背离了口碑传播的基本原则——收听者是真正乐意了解这一信息并对此有兴趣的人。

病毒式营销和口碑雪崩的最大区别就在于：前者是以诱骗的手段让别人有口无心地去谈论你的产品，他的微博并没有真情实感，只是因为利诱或者胁迫。当传播到一定程度之时，就会变为强弩之末，再无力量。后者则是通过有创意地推广和互动，让网民主动自愿地谈论你的产品，是出于真情实感，而这种真情实感是最能引起他人共鸣，从而越传播越有力量，越传播越能影响更多的人，最后形成口碑雪崩效应。

那么怎么区别病毒传播和口碑传播呢？两者看似相近，其实大为不同，后者是以兴趣聚合的，只要是接受信息者并乐于再次传播的人才是真正对这个事物感兴趣的，那这种营销就是口碑传播而非病毒传播。大家来看一个案例。

一家名为特地陶瓷的公司依托腾讯微博发起有关"美墅"系列讨论，整个活动很简单，就是用一条"一句话 描述我心中的美墅"的微博去吸引网民。而有趣的是，就这么一条微博，就吸引了上千的转发和评论，不少网友都表达了自己对"心中美墅"的想法。有网友说："我心中的别墅是纯天然的，屋外布满了绿色植被，所有照明系统全是太阳能。房间一年四季如春。就好像住在潘多拉森林里。"也有网友说："我想住地下仓库，很神秘，很安静。不过装修一定要豪华"。

随即，特地陶瓷再深度推进有关"美墅"的讨论，邀请网友畅谈对"美墅主义"的认识和看法。在特地的微博上，这个活动被这样描述：美墅主义，一个极具现代感的家装词汇，一股引发"待装族"强烈关注的家装潮流新风格、新概念，它具有时尚、奢华、现代、独一无二、独具个性的鲜明特征，正在家装设计界掀起一股新的热浪狂潮。谈谈你对"美墅主义"的认识和看法，你也想拥有一个属于自己的美墅乐园吗？

这样一个活动没有用威逼利诱，也没有什么商业广告，但因为它恰好出现在房价热炒时期，也就被很多网民格外的关注，而且甚至成为吐苦水的一个有效平台。"没有房、买不起房，我心中的美墅只是一个真正属于我的小空间，但这还是奢望。"类似这样的微博比比皆是，更激发了网民的围观和喧嚣。

特地陶瓷商获得了什么？不断地通过转发，让网民看到自己的微博名称（即企业名），这就是口碑。将来这些网民去购买装修材料的时候，或许会在记忆深处回想起来，从而将特地陶瓷作为选择之一，那就成功了。

雪佛兰则走得更远，"我不胁迫你，我只怕你胁迫我"，这是我对雪佛兰的一次微博发布给予的评价。原本这次微博只是一个副产品，是雪佛兰拍摄最新款汽车广告时"随意"产生的，然而，这次微博推广所产生的实际效果甚至超过了汽车广告本身，有点喧宾夺主。

拍摄过《越狱》等著名美剧的明星米勒于2010年10月中旬来到上海拍摄新一季雪佛兰科鲁兹广告大片。而雪佛兰既然花了大价钱，自然要好好利用一番，具体的推广分为三期。

第一期为闷锅煲汤。米勒抵达上海前，雪佛兰科鲁兹微博内容全面转向米勒以及美剧，强势营造粉丝参与氛围，这就有点向广东人煲汤一样，没有十几个小时不出味道，自顾自地发微博，把粉丝闷在锅子里，等到揭开盖子的那一刻爆发。当然，雪佛兰的推广部门也做了不少准备工作，包括特制预告微博背景模板、米勒话题讨论以及微博活动等拉取粉丝。其中单条微博活动的自然转发数高达近6000次，评论1000多次，如图9.1所示。

图9.1　雪佛兰科鲁兹微博

第二期为爆炒米勒。米勒来华后，雪佛兰立刻第一线直击，并迅速上传微博。第一条消息由雪佛兰科鲁兹官方微博发出，疯狂转发近6000次，获得几百条评论。后来曝光米勒在上海的一切行踪引发粉丝跟风狂潮。雪佛兰科鲁兹微博抢先发布信息，现场视频第一时间火速通过微博传达。

第三期为品牌红烧。之前的温度已经调到最高了，粉丝也已经迫不及待，这时候品牌信息再跟着米勒一起溜达下不再是问题了，立刻在随后米勒行踪的微博直播中配合新闻、视频、博文等复合式推广手段，即前面提到的完美账号体系，对科鲁兹品牌进入多角度复合植入。整个活动虽以"米勒来华"为主，但同时植入雪佛兰科鲁兹汽车以及话题中科鲁兹 slogan（标语）的植入，达到了品牌露出的效果。推广包括直播时科鲁兹广告片植入以及科鲁兹 1.6T 视频，配合转发有奖活动传播，双管齐下促动传播。

科鲁兹微博直播米勒来华的优质内容，4 次登上微博热门转发榜，深度互动使米勒粉丝同时转换为雪佛兰科鲁兹粉丝，并吸引了潜在用户关注。整个雪佛兰科鲁兹微博粉丝数在短短的几天活动中，自然增长粉丝增加近万人！这只是中文世界的一次科鲁兹米勒秀，在每一个米勒为科鲁兹拍摄广告到过的国家，当地语种的最主流微博都会再一次贴近你。这就是找兴趣点，自然吸引而不是去胁迫。另一方面，这个案例也告诉大家网络营销有精准推广的可能。很多人非常看重微博的无界限性，可以无所忌惮地传播到网络覆盖的任何角落。合适的推广方式可以让传播精准到某一地方某一人群，这是很多地方性品牌最难解决也最希望微博解决的，但科鲁兹做到了。

|9.6| 货真价实是基础

真正的口碑不是依靠数以亿万计的广告费用和海量泛滥在网络上的软文造就的。要缔造长久并且为人们所津津乐道的口碑，最基础、最核心的还是"物美价廉"。而网络营销口碑雪崩，准确来说只是催化剂，让口碑提早实现、更快传播、更广扩散。

通常会在微博上看到很多假冒伪劣产品的推广，比如 iPhone 热卖的时候会有大量小型电商站点在微博上泛滥传播廉价的假 iPhone 手机，通过诱骗的方式进行销售，这永远只能是短期效益，不可能出现口碑。

在微博上传递口碑，切忌过分做广告，真情实感最重要，实实在在的体验最关键。也不是全然不能做广告，关键是你的广告要真正实在、货真价实，而且最好能够精准投放。

2009 年底，Dealmoon 在美国上线运营。这是一个专门为华人提供打折信息的网站。每天 24 小时滚动更新最为热门的折扣信息，将产品分为 10 大类 37 个小类，一方面提供最适合华人用户的产品信息，另一方面也推荐主流市场的优惠券。他们的产品信息来于亚马逊、百思买、梅西百货等著名商家，因此很容易得到消费者的信任。

但流量是个问题，小网站有谁关注呢？一个美国公司将视角放在新浪微博上。新浪微博在北美有近百万用户，其中大部分都是消费能力很强的年轻人群，而来自大陆的留学生更是重要组成部分。这些用户来美国或许没有多少年，他们需要打折信息，也喜欢购买有品质的商品，更希望得到在美国生活的实用指南。而这正是 Dealmoon 最主要的目标用户群。

2011 年年初，Dealmoon 的官方微博北美省钱快报正式在新浪落户。很快效果来了，它的微博就是广告，图文并茂的打折广告，但打折广告很实在，而且对美国的华人来说很有用，每次广告发布后就能吸引读者点击链接进入网站进行购物，它还时不时搞一些抽奖活动，与粉丝进行互动来刺激用户量增长。

实实在在的信息让它在北美华人心中的地位激增，比如 10 月苹果开始发售 iPhone 4S 无合约机的时候，北美省钱快报就以这款最新旗舰智能手机为奖品发出一条抽奖推广微博。尽管注明仅限北美用户，但这条微博在两天之内转发量接近 9000 次，这些流量也被成功引入到网站中，1/4 的网站流量来自微博很能说明问题。

| 9.7 | 巧妙创造引爆点

引爆点是什么？怎么制造引爆点？其实我们生活中时时刻刻有类似微博口碑传播的引爆点。比如我的一个朋友是数码达人，作为一个达人，有新奇特的数码产品必然第一时间拿到办公室来炫耀一番，顺便第一时间给我们这些数码白痴扫盲，自然他也在不自觉中帮助这些产品做了一次实地现场版口碑促销。而在之前的几个月，我们出人意料地发现——他瘦了，瘦得实在太明显了，从一个 160 斤的胖子变成 120 斤的"芦柴棒"。当我们很好奇，纷纷议论他是否是因为失恋而憔悴时，引爆点出现了。

这位朋友神秘兮兮地邀请几个公司的女生到他家晚宴，而晚宴回来之后，这几位吃货女生也开始有了苗条化的趋势，这更加引发了我们的好奇。最终当好奇变为主动询问之时，我们逐一得知真相——他每天在家玩游戏，玩 WII 上的体感游戏。

最终，办公室里的同事集体团购 WII 或 XBOX360，全部成为了体感游戏的俘虏。当我们办公室茶余饭后的聊天内容变成了玩游戏心得交流之后，体感游戏的流感也逐步传染到其他办公室甚至其他公司，从一栋办公大楼传递到另一栋大楼……这就是引爆点，而这个引爆点同样可以在微博上出现，只是场景从现实中移到虚拟世界，从每天实实在在看见他变瘦换成在微博上晒减肉量和瘦身成果照以及体验……

古语有云"授人以鱼不如授人以渔。"目前看来最好的口碑引爆点是授人以渔，做一个对人有益的微博很不错。引爆点真实的存在于口碑营销之中，只要你用得巧妙，定向爆破的结果将是非常可观的。

2009年2月亨利福特医院通过Twitter进行了第一次现场手术直播。通过Twitter传播达到教育目的，其结果是该机构信誉得到加强。后来有15台手术使用Twitter直播，让手术执行和效果更透明化，更能经受住各种检验。越来越多的病人愿意在那里手术，越来越多的医生愿意在那里工作。由于效果良好，亨利福特医院的做法也引起其他医疗机构争相模仿。

这个引爆点是什么？就是手术直播，别人不敢看的，这个医院做到了。这是一个奇闻，自然获得很多关注。关注的结果呢？通过不断地微博直播，关注的人群在口碑中不断得到一个明确的信息——好手术、好医院、好好好。

那么，这样的引爆点在国内有没有出现呢？在微博上我没发现，但实体广告的例子不少。只是大多数是整形医院，通过和电视台合作，直播女子整容成明星脸之类的。可效果呢？从花费上说，微博广告成本为零，实体广告费数以百万计；从盈利上说，微博广告很成功，为医院带来了生意，实体广告则很少见到有成功案例能作为炫耀资本。为什么二者天差地远，并非微博直播一定很棒，而电视直播一定不行，关键在于引爆点设置上。尽管喉头都是手术直播，但前者以教育为核心普及手术知识，让人耳目一新，定向爆破出医院的水平口碑，而后者过于作秀和商业化，中间操作同选秀无异，真正涉及技术的环节又不敢充分暴露，定向爆破角度不准，结果引爆之后的口碑雪崩形成对整形医院技术水平的质疑。

即使有很好的引爆点，也要注意巧妙地运用这个引爆点，让其达到最佳的引爆效果。南方航空获得了中国首架空中客车出品的大飞机 A380，并在其首飞之时启动微博营销，以大飞机这个中国人都很感冒的话题来为自己集聚口碑。如果换了是你，会如何？

笔者问了好几个做微博推广的公关公司资深从业人士，得到的回答如下——实时发布 A380 的乘坐体验，给乘客提供空乘 wifi 环境（如果条件允许），召集热门微博主集体拍摄和参与首次体验 A380 活动，通过南航官方微博发布 A380 的趣闻和信息，像东航凌燕一样让 A380 空乘人员开微博和网民互动……

诚然，这些想法都是很不错的执行方案，但效果却过于普通，只能算是中规中矩的微博维护推广，很难达到口碑营销的扩散。而南航的推广团队却用了另一种方案，让整个 A380 微博推广得到升华。此次活动，南航充分利用腾讯微博的话题集束功能，将微博作为主要活动登录入口。网民通过微博登录活动网站后，填写机票个人信息并上传头像就可形成个性化虚拟机票，同时还可以同步虚拟化机票到微博。通过微博虚拟，网民拥有属于自己独特的登机牌，似乎真的如同 A380 飞翔在空中，这种独特的体验感受完全区别于其他品牌营销，每个参与的网民就是 A380 首航的参与者与见证人，让南航的"首占先机"的形象潜移默化地植入网民心中，使得企业与网民建立某种情感纽带。"梦想飞得更远，心与心贴得更近"。一位认证用户在参与活动后表示："南航不错哦。"活动期间，关于空客 A380 的广播数提升至 8.3 万次，日增广播量甚至高达 1.7 万次。

同时在此次活动中，网民还可获得"飞翔大不同"勋章。勋章用以表彰微博参与者的活动，成为用户与企业之间的情感维系节点。借由此次活动，极大提升了南航的品牌影响力：在短短的一个月内，此次活动参与人数达 20 万，南航的听众增加了 12.4 万，生成登机牌数有 1.8 万个，成功分享到微博虚拟登机牌 1.35 万人。按腾讯微博用户平均听众数超过 100 来计算，网民口碑传播力已超 135 万。

I 9.8 I 别刻意控制口碑传播

如果你要做口碑雪崩，请忘记你所熟悉的广告传播或舆论传播规则。口碑是最没有规则可循的，不要妄图去控制口碑的传播过程，别把自己打扮成宣传部的干将。实现口碑雪崩之后，无论它是好还是坏，它都是洪水猛兽，具有吞噬一切的效果，那是不是就完全拿口碑没有办法了呢？当然不是。即使是洪水，也可以让它为我所用。简单来说就是大禹治水的疏导之功，而非堵塞。

很多网络传播者喜欢做两件事。

一是在口碑传播开始的时候设立许多障碍。比如通过微博传递某本小说，可打开的时候发现要付费阅读，或者是要注册一个新的账号或提交电子邮件地址，当然最常见的是要求阅读者关注自己的微博。如此去做的商家确实很精明，他可以通过这种手段来直接获得收益或者是掌握更多的潜在消费群体，为新一轮的口碑传播创造条件。但这些其实就是障碍，应该不会有很多人乐意为了去阅读某本并不知道好不好看的书去注册账号或提交邮件地址，甚至会有人对微博主提出的关注该微博的要求反感，很有可能在一开始微博就失去了绝大多数粉丝的关注，也失去了很多主动地口碑转发。

二是在口碑传播过程中只选好的不选对的。一次成功的口碑雪崩能促发数以万亿计的人群关注，甚至在微博上掀起一个又一个波澜，但正负效果总是同时出现的，防民之口甚于防川。既然你要做推广宣传，就要做好在微博这根棍子帮你搅动起需要的口碑之时，也让那些对你品牌不满的负向口碑随之飞舞。请注意，这或许是一件好事，更早地发现这些负向口碑，可以让你更好地获得免费的市场调研数据，真正有效地调整好产品策略，同时利用以微博为首，论坛、新闻、博客等为辅的网络互动工具去沟通交流，让消费者的满意指数无限接近 100%。

既然传播过程中尽可能不要去控制，那么如何让正向口碑更加丰满呢？其关键在于起爆之时应该有准确的定向爆破。舆论的传播过程中确实会出现许多的变数，就如郭美美微博事件，起初的传播者应该怎么都没想到最终受伤最重的竟然是红十字会。一个优秀的网络营销人在微博口碑传播之初，就要准确地预估从哪个角度进行引爆最能实现自己的目的。而定向爆破的目的则是要实现小切口大影响，但又不能让雪层全部崩塌，使得一些不该暴露于外的不好看的岩石风光随之出现在公众视角之中。

| 9.9 | 学会和你的顾客调情

许多营销人总是想着如何让顾客购买商品，却很少想到如何和顾客"调情"。其实"调情"有时候会成为最好的叫卖，在这方面"博柏利"做得就很好。

来自圣保罗的法比亚娜把制作好的 Burberry Kiss 唇印添加到电子邮件中，发送给了远在纽约的男友。几乎就在同时，台北市的 Paul 也收到了女友从伦敦发来的 Burberry Kiss，这封深情款款的信件以女友的唇印封缄，让他"感受到了前所未有的浪漫"。

这并非科幻电影中的场景，而是奢侈品牌博柏利（Burberry）与搜索巨头谷歌进行的一次颇富创意的合作——Burberry Kisses。

这样一个营销创意能够给博柏利带来什么？如果单纯从销量上来看，对于奢侈品牌而言，其意义几乎为零。但如果从品牌认知上来说，博柏利用更加亲切的数字化营销找到了和年轻人群沟通的渠道，当然这就是品牌认同度。这恰恰给时下国内在社会化营销上的争论一个启示。

从 2013 年 6 月 14 日开始，网民如想使用这项服务，只需访问 kisses.burberry.com，然后对着网络摄像头撅起嘴。该网站使用独特的亲吻检测技术，可检测出您的实际嘴唇轮廓，还可选择 Burberry 唇膏颜色为嘴唇着色。如网民使用的是触屏手机或平板电脑，还可直接亲吻屏幕来记录自己的嘴唇轮廓。之后，就可编写短信息或通过电子邮件发给自己的好友。做完这些事后，您可以坐回椅子上观看带有 3D 效果装载本人亲吻的信封从所在的城市发送到接受者目的地的过程。如果喜欢秀恩爱，还可以将唇印信封分享到 Facebook、Twitter 等社交媒体上。网站还有一个实时的亲吻地图，记录每时每刻使用该服务发送唇印的用户地理位置。

看似很简单且噱头感十足的这一营销创意，表面上有很强大的谷歌的技术支撑。但是，从本质上来说，整个创意去除掉技术的部分，核心就在于沟通，通过提供一个沟通的便捷工具，让网民能够更好地传递和表达情感，而与此同时，品牌也就"随风潜入夜，润物细无声"了。

这是品牌营销的一个最基本环节——让消费者知道你。而这个环节，在国内社会化营销之中，却往往以电子公告板的形式出现。在微博上，这种状态已经假借精准营销之名发生了异化。除了利用官方微博直接放送企业各种枯燥无味的信息外，部分机构还主动对微博信息进行搜索，找到与之相关的话题便果断"搭讪"，只是"搭讪"的技巧很糟糕，大多是设定好的话语，比如"亲，我想这个好东东很适合你"之类，外加一个拓展链接。这样简洁明了却又貌似精准投放的营销战术最终的效果，可想而知。

这一状况形成国内对社交网络强关系与弱关系之争的基调。然而，所谓强关系之下的微信，其公众号所开展的基于朋友手机、QQ 号和位置的信息推送，较之微博营销中的官方认证账号发布的品牌营销微博，并无二样。也不能说时下的社会化营销一无是处，最起码它遵守了社会化营销的第一层定义——你能为大家提供什么便利，而这是常规社会化营销变成口碑雪崩的基础。

基于社交网络而形成的社会化营销最大的优势就在于：通过兴趣、地域、工作乃至其他多种分类方式所形成的小圈子（或粉丝），有效地进行目标人群的精准投放。巧妙地针对各种网民原创产生的话题采取对应的植入或引导，极大地刺激品牌的影响力扩张。

这些优势的前提条件是你能为大家提供什么便利。"博柏利之吻"恰恰提供了这种便利，一个让朋友之间更加有趣的进行交互的小工具。许多企业的社会化营销并非没有提供便利，大多数商品本身就是为了给人们提供便利而产生的，只是营销的手段过于生硬和直白。造成这一原因的关键就在于社会化营销提供了精准投放的可能，打破传统营销所一直困扰的瓶颈，也激发营销者们打破传统营销另一重大瓶颈——推广的转换滞后和效果难以统计。是时候转换视角，从你能为大家提供什么便利向大家需要你提供什么便利发展了。

2013年6月底，手机QQ的新一版升级中呈现出这一视角转换所带来的利好。其植入在新版中的原创表情模块颇为类似"博柏利之吻"，起步阶段直接和美国迪士尼、香港杨德贤工作室等知名动漫企业合作，植入大量生动有趣的表情内容。这就是大家所需要的便利，即在移动社交网络之上，文字不够方便且不足以生动地表达情感，而特色的原创表情则可有效地弥补这一缺憾，并为用户所喜爱。

同时这也是一个新的营销接入口，其所采取的原创表情众包模式，可以让更多的设计人员借助该平台来展示自己的创作成果。当然一些品牌也不该放过这样一个利用表情"卖萌"的机会，就如《疯狂猜图》做的那样。让品牌混个眼熟，而且很娱乐、不生硬，其实就是社会化营销的真正胜利，毕竟让用户心甘情愿地帮忙向自己的朋友推销"广告"的机会可不是很多。

这一切依然是工具级的网络营销，一个香吻和一个表情可以勾住消费者，因为它提供了网民需要的便利，让人们可以直接

"无视"赤裸裸的广告内容。然而这个"勾引"所能维持的时间不会很长，从社会化营销角度而言，它只是战术级的短期攻略。要想和消费者建立长期稳定的营销关系，还需要更上一层楼的战略级考量——通过社交网络和网民做朋友。

社交网络无疑拉近了人与人之间的距离，为什么它就不能成为人与品牌之间的友谊桥梁呢？从本质上来说，无论微博、微信，无论初始好友来自电话本还是即时通讯软件，或是名片上的简短链接与二维码，一个真实用户的社交网络在初始状态都是有很强关系的。一旦粉丝积累日益增多，微信或微博开始走向营销之时，这一切就开始改变，变成一个表面上在交互，实际上充当着公告板用途的伪社交平台。

这就是品牌营销的十字路口了。选择左边，品牌可以继续扮演哲学家、公子哥或者其他，每天固定地发布一些段子和企业信息，每个月阶段性地做点惠及粉丝的活动。但总归是品牌，总是高高在上而不是朋友，继续弱关系下去。选择右边，积累了一定量粉丝的品牌可以继续重复发段子做活动的行为，但可以试着和普通人的社交网络那样说一些"人话"，更关键的是，这时候的品牌社会化营销应该主动地和热心的粉丝们聊天，进入到对方的话题中，不植入任何信息去沟通，把粉丝向"朋友"转换。

一旦真正成了"朋友"会如何？礼尚往来必然少不了。哪怕是一家小小的装修公司，通过诸如微信朋友圈分享一下自己在工作中的各种经历，小到吃饭、大到装修污染处理，都会以"朋友"的面目而非广告形式逐步在朋友圈扩张开来，激发朋友们的聊天热情。毕竟时下的社会化营销围观的太多，参与的太少，推送的太多，点开的太少，皆因为那只是品牌，不是"朋友"，宛若《爱莲说》，"只可远观，不可亵玩焉"。

| 9.10 | 善于给顾客制造意外

2014 年 1 月初，笔者收到快递送来的不知是谁寄的大纸箱，箱子很大却很轻。打开一看，里面是两只颜色各异可爱的虎爪抱枕，拿起来细看，更加令人意想不到：这哪里是抱枕，分明是手套，可以把双手放在里面打上一套虎拳。虎爪上的小标签暴露了礼物的来处——老虎游戏。这样有趣的事物，难免会让人主动拍照一番，放到微博、微信上展示给自己的朋友们。同时，有不少游戏行业内有一定知名度的微博、微信主和圈内人士收到了这份礼物。大家随后采取的行动也没有例外，毕竟每个人都有探索欲。

"老虎游戏"对于笔者来说是一个陌生的名字，不过好奇感驱使，很快水落石出，这是完美世界的手机移动平台。在新游戏《神鬼幻想》的腾讯官方微博上，同时也用五个冬季多功能大虎爪对游戏进行推广，并有 2896 次转发，其中有不少是收到礼物寻踪而来的大 V 们，他们主动跟帖并引爆其粉丝的热议。而这个官方微博本身只有 1739 个粉丝。在微博、微信上，由大量的游戏圈内人士对虎爪的热议形成的口碑爆发效果远远超过送出的若干虎爪的实际价值成百上千倍。大家都会想知道"这是谁送我的新奇礼物？"

多功能虎爪（如图 9.2 所示）能带来什么口碑？这确实是一个很有意思的推广营销手段，也是突破了传统社交网络营销有奖转发和找大 V 做托的方式，这是一种传播转换率和口碑效果极好的新颖的口碑引爆形式。

图 9.2　多功能虎爪

同样，ThinkPad 也做了一次类似的意外营销。1 月 6 日中午，正值晒新年礼物的时候，《今晚 80 后脱口秀》主持人王自健发微博说，某天突然收到这份大礼，但这份大礼却不知道是谁送的，也不知道为什么送。更奇怪的是，这份大礼的外形如此奇怪，像是个桌子，可又不仅仅是个桌子，左边有一处盆栽，右边则貌似是两个电子荧幕，如图 9.3 所示。

几乎同时，于嘉、飞鱼秀主持人小飞、喻舟等也在自己的微博上晒出了这个奇怪的礼物——一张奇形怪状的桌子。与笔者遇见的虎爪营销相类似，都有几个共同特点：（1）没有任何预兆的收到了礼物；（2）礼物非常新奇，足以引发收到礼物的人主动在社交网络上晒新鲜；（3）收到礼物的人大多是有一定知名度的，但绝非在社交网络传播金字塔顶端，而且相对来说其粉丝群体大多是该礼物所承载品牌的目标受众群体，这使得他们的传播会更精准，同时不会因为礼物的轻重而存在过多的传播顾忌；（4）都会因为一个共同的"谁送来这么个新奇的礼物"而形成探索欲，无论是收礼者，还是他们的粉丝，这极大地加强了传播的口碑深度。

图9.3　奇特的 ThinkPad 桌子

奇特的 ThinkPad 桌子带来惊喜，由于来自意外使得整个传播更具有悬念性、偶发性和随意性，其传播渠道也变得更为广泛，微博、微信、博客、论坛，乃至新闻都可以成为其传播渠道，甚至超出策划者自身的意料，而且传播内容也变得更加随意且亲民，不至于如往常"受雇"传播那样，太过生硬而显得植入广告意味太重。其实笔者在这里的案例分析，也可以说是虎爪的意外传播效果的体现。但这依然只是一个起手式，意外惊喜还可以百变，且一旦百变，策划者的理念将得到更大的口碑释放。

毫无疑问，完美世界和 ThinkPad 通过这种意外惊喜式的营销，实实在在取得了良好的口碑，而且是极具创新感的口碑。这对于游戏公司和笔记本电脑品牌来说，都是十分重要、足以吸引目标消费群体的标签。

再三的意外可以形成第二次高潮，而较之第一次来自收礼者自发的传播而形成的不可操控特点，第二次传播则可以加入更多策划者的主导元素。如多功能虎爪，可以根据用户的不同创意变成抱枕、头套、脚蹼乃至其他更多有创意的形态，而如果策划者稍微提供一定的使用建议给用户，则可以激发出更为广大的运作空间。据策划者透露，原本虎爪礼物只是一个抱枕，而在制作样品后突发奇想地在虎爪后面开了个洞，就使得整个礼物百变多样了，而基于时下社交网络用户喜好晒礼物、晒新奇的特点，他们也将结合游戏上线，推出更多的礼物玩法和后续新奇礼物，并且会征集新的礼物创意，从而形成更大范围的传播。

奇怪的桌子也是如此，1月9日中午，ThinkPad官方微博正式揭晓所有悬念，原来王自健等6位名人的桌子是ThinkPad为他们量身定制的，并且展示出所有桌子的高清图片，讲述为什么要这么给名人设计桌子的故事。从这些桌子来看，ThinkPad颇具创意地将名人的不同侧面融合在一起，通过一张左右两边设计独特且不同的拼接桌子来阐述每个人的多元化人生，配合ThinkPad家族的全系列笔记本电脑产品一起亮相，鼓励大家在生活中不断"想点新的"。

悬念揭晓的同时，ThinkPad在官方微博上发布《桌阅人生》游戏和品牌转型视频，进一步轰炸网友的视听。后续ThinkPad又发布了一系列基于"想点新的"理念的产品新年促销活动，帮用户免费定制电脑的A面，印制自己喜欢的图案，从而形成可以带给更多用户群体的"意外"。

而从这两种"意外"营销的推广逻辑上看，其最大限度地发挥了社交网络的题中应有之意，即人与人之间的自由传播，且巧妙地植入话题点，以开放式的推广方式，将品牌的创意理念通过或大或小的礼物，而非直接通过产品来呈现，并配合以百变的形态提高传播的变化性，从而改变过去营销推广单纯的宣传路径，目标受众的接受程度也就提高了许多。更为关键的是，其营销成本并不高，特别是较之常规网络营销来说，效果则更好。

或许很多人会认为，即使这样基于社交网络的低成本口碑引爆方式，依然只是属于联想或完美这样财大气粗的公司的专利。既没钱也无法请动影响力大的社交传播者的小微企业，其营销路径依然无法效仿。其实不然，"谁送我的新奇礼物"这个意外概念，完全可以通用于各种规格的营销，哪怕只是一个小小的网店。

许多有网购体验的人或许都有类似的经历，即在收到的货品之中还附带了小礼品，可能只是一本个性化小台历或者一个手机屏幕擦，但收到礼物的时候心中都会有一些"他们真有心"的感触。这种做法提高了接受者下一次进店购买的可能。如果变化一下，利用社交平台或大数据对核心目标人群进行分析和个性化送礼，则效果事半功倍。

笔者的一个朋友仅仅是在微信朋友圈中做生意，日积月累从熟人圈逐步扩大到了半熟人乃至陌生人的范围，但在平时的朋友圈推广中，她除了每天发布一条最新产品展示外，更多的是和这些朋友圈内的人进行非商业目的交流。通过这种方式，她逐步形成了一套核心消费者的个性化资料。

余下的事就变得简单了，每逢有核心消费者生日，她总会精心挑选一个小礼物寄送过去。既然是朋友，这本也是顺理成章的，只不过礼物的挑选很个性，比如这个用户喜欢哆啦 A 梦又比较喜欢抽烟，她就会找一个市面上少见的哆啦 A 梦打火机或烟灰缸作礼物；那个用户平时很喜欢民俗文化，她则会用年画或剪纸之类的礼物来迎合……如此一来二去，即使原本只是半熟或根本是陌生人都逐步变成了朋友，并形成消费黏性。尽管这些人在社交网络上晒礼物表面上并不会带来如前面案例那样的爆发式口碑效果，但通过他们和自己朋友之间的"透露"，则为笔者朋友的微信小生意带来不少大生意，甚至部分人还建立起信任，成为二次推销商。

除此之外，还可以有意外吗？其实这种用意外的礼物进行口碑推广的形式还有很多，有的商家在购物完成后突然说将会以你的名义将购物款中的一部分用于慈善，而非购物之前，这可以激发起"意外收获"的心理；有的商品则在推广之前，先用广告进行悬念式的营销，让真相揭秘之时，意外之感顿生。只不过这些意外，较少地依据社交网络的口碑传播来设计，仅仅到达当事人即终止，形成单向传播，而非口碑的放射性。

| 9.11 | 一定要考虑转换率

大家要注意一个容易走入的误区，即在过往的社交网络营销策略里，大多数人集中力量于如何用微博、SNS、微信乃至其他更多的社交网络渠道去引爆话题。说得更直白一点，即如何给自己的广告上一层伪装色，让广告不像广告，但却有广告的功效。这在社交网络营销的初期确实很有效果，也由此发展出很多模式，如微话题、微视频、品牌定位拟人化等，但大多数套路依然摆脱不了电子公告牌、网络广告位的定位。庞大的广告信息流成为社交网络上的特色，也呈现出巨大的商机。

小成本的票房黑马《失恋三十三天》提前 8 个月预热宣传，

在距电影上映还有 33 天时通过微博、人人网、开心网等社交网络制造"失恋话题"。而 2012 年伦敦奥运会上，各方企业纷纷借助社交网络上的奥运热点话题捆绑品牌营销，皆获得不俗的影响力。

然而，"过犹不及"这句中国老话也在逐步发生作用。首先爆发的问题节点在于转发量并没有形成转换率。媒体曾报道某淘宝店的遭遇，为推广某产品该店在微博上精心制作明星 PS 对比图。这条微博一经发出，立即让粉丝们疯狂转发，一周内转发量近 2.8 万次，覆盖人次达 500 万以上。不过转发量并没有带来销量，500 万的覆盖人次，仅仅成交 5 单，差距之大令人咋舌。

这样的状况在社交网络上每天都在发生，以至于在 2012 年年末，大量企业从微博转投微信，或进军二维码领域，理由很简单，社交网络的广告效果"看上去很美"，但转换率太低。究其原因在于企业从一开始就选择了捷径，希望通过社交网络零距离向潜在消费者直接"兜售"商品，然而社交网络的核心原则在于社交，而非广告。想要让信息在社交网络上的规模化传播直接"变现"，本身不是社交网络营销的题中应有之意。毕竟在社交网络上，题中应有之意应该是交朋友而不是看广告。企业在社交网络的营销模式上受制于传统营销的单向发布，过度重视自身的发布，仅仅在粉丝转发评论中才偶尔进行一些互动，并没有实现社交网络的交流真意，充其量只是一个带回复功能的公告板。

因此，在社交网络上旧有的营销模式和热情逐步转淡之时，企业通过社交网络进行的营销行为也将逐步导向正途，即与顾客或粉丝真心地交朋友。唯有此，才能真正实现转换率。口碑不是靠打广告打出来的，它是朋友之间的传播。扪心自问，你和他是朋友了吗？

| 9.12 | 营销为何不能 O2O

别总将线上和线下分离。在很多人的潜意识里，网络营销的经典案例应该是在网上，至少大多数推广活动都在网络之上，当然不排除偶然。比如在现实发布会上制造热点话题，然后再通过网络引爆。究其实质，时下大多数网络营销是和线下营销走在平行线上的。

2013 年底，我的几个小伙伴们不约而同地给我展示一款移动社交 App 上的场景。这是一则内置在 App 上的广告——可口可乐 MINI 魔图表情。用户只需下载"百度魔图"App，上传并分享自己的 Mini 表情，即可参加指定时间、指定城市的抽奖，而奖品是自己的 Mini 3D 打印人像。

可口可乐 3D 打印人像非常潮，如图 9.4 所示。毋庸置疑，这个活动最大的卖点是 3D 打印人像，其对于大众来说还是"传说"中的高科技，一旦能够"昔日王谢堂前燕，飞入寻常百姓家"，而且是属于自己独一无二的，吸引力甚至超过 iPad、现金等大奖。但仅此而已吗？笔者以为，其关键在于让营销 O2O 起来。

可口可乐这个活动推广的关键点，既不是社交网络，也不是移动网络，更非作为噱头出现的 3D 打印技术，而在于线上、线下在推广上的融合，亦通过此成功地推广了新一代"Mini"饮料瓶。

原本可口可乐在夏季已经做过类似的尝试，只不过是在以色列，也不够大众化，仅仅是通过社交网络邀请一些人到公司的 3D 打印实验室。在实验室里，可口可乐用 3D 打印机对来访者进行扫描，然后打印出一个个真人缩微版模型，如图 9.5 所示。

图 9.4 可口可乐 3D 打印人像

图 9.5 以色列的可口可乐线下活动

可口可乐在中国的这样一次普通的网民实地体验取得了超出想象的低成本高曝光营销效果，促使其在中国这个面积、人口和市场比以色列大很多的地方，在营销方式上进行了更具传播效力的"修订"。让本来一个简单的线下探班，没有变成在中国的网络上进行简单的有奖赢 3D 打印人像，或在地面进行的现场 3D 打印极客秀。

极客体验、个性奖品、社交参与……众多元素汇聚在一个看似简单的有奖活动之中，却在一定程度上达到了在电商领域期待 O2O 所达到的效果——将网络流量导入到真实现场。可口可乐让北上广等 12 个城市的目标受众们，在社交网络极强大的传播下，真正零距离实实在在、心甘情愿地和要树立品牌口碑的新一代"Mini"饮料瓶亲密接触，还不显广告痕迹。这远比在网络上看一眼那摸不着的瓶子来得更实在。

线上和线下的活动简单地连在了一起。其效果比单一的线上或线下活动强过百倍。这时候，就需要线上线下效能全开。线上线下的结合绝没有那么简单。O2O 营销的关键在于将线上和线下两个推广渠道效能都发挥出来。

早前澳大利亚悉尼推出了首个肉眼不可见的广告，把多块特殊的 LCD 安放在一栋房子的 6 个窗户，然后播放视频。每个 LCD 播放的视频不同，其中有小狗游泳、猴子、一对恋人在浴室、一对恋人在卧室……其特别之处是肉眼看上去就像普通有灯的窗户，只有带着偏光太阳镜才可以看到播放的画面，而且很多人都会误以为这些是透过窗户所看到的真实情景。据称，现场有很多人驻足观看这 6 个窗户。那些没有戴着偏光太阳镜的人一脸的疑惑，那些戴上偏光太阳镜的人则非常惊讶地在旁边大笑。而广告商则将这些一一拍摄下来制作成视频，然后通过视频网站和社交网络等进行传播，其目的则是为了宣传某个品牌的偏光太阳镜！

这其实是一个 Bug 很多的营销。至少，要让人看到 LCD 的画面需要夜晚，而夜晚不会有人戴太阳镜，除非是托儿。但这并不是最大的 Bug。因为在某种程度上，作为一种趣味视频，它的传播效果并不差。但它绝不是一次真正意义上的 O2O 营销，尽管它在线下发动在网上传播，但充其量线下只是充当一个演出场景，很少有非演员体验到这款眼镜所带来的效果，可以预料，其线下推广部分的效果接近于零。

如果稍作修改，或许情况将大为不同。局限于资料较少，对于是否只有该款太阳镜才可看到 LCD 上的视频，或在趣味视频播出后该 LCD 广告是否依然在窗户上继续展示，不得而知。大胆想象，即使任何偏光太阳镜皆可正常观影，但只要该广告位所处位置交通方便，广告在视频播出后继续播放，应当可以吸引"不明真相"的好奇群众围观。而只要在现场稍加宣传或免费提供太阳镜方便观影，甚至现场制造一个阳光现场来加深用户体验，并不断地将相关视频发布，或直接诱导围观群众在社交网络上发布体验，并引发更大范围的讨论。在此基础上，广告主可以不断在不同地点复制该场景，其效果将成倍提升，而线上线下的推广也将得到打通。

然则，时下的许多所谓经典网络营销案例，大多只完成了上半部分，即通过网络实现病毒式传播，却鲜有在下半部分，也就是 O2O 所要实现的用户真实体验上进行再挖掘，更没有将线上流量带入到现实之中，形成口碑与销售的双向互通。

要实现 O2O 营销，难度也不少。毕竟网络推广和线下推广有太多不同，且通常费用不菲。更关键的是，这需要操盘手拥有两个截然不同领域的强大掌控能力，并有效地把握推广节奏，否则非但无法效能全开，反而费钱费力还不讨好。这也是为何O2O营销极少的关键所在。

也许O2O营销不一定要强大掌控力。如前所述的O2O营销，一个强大的掌控力是决定成败的关键，但或许耐克的案例能够开启另一种思路，一个不需要推广现场掌控力，亦可能的成功之路。

耐克的数字运动平台"Nike+"始于2006年，那个时候耐克公司一直在寻求如何让跑步这项枯燥而又孤独的运动变得有趣起来。经过多项探索，耐克发现音乐恰好能够满足这一需求。于是，第一款基于"Nike+"的产品"Nike+iPod"诞生，它的初衷是要把运动与音乐相结合。对于很多智能手机用户，特别是"苹果粉"来说，这是再熟悉不过的一个App。而"Nike+"的最大效果是，让用户在现实的跑步中通过社交网络自动自助地帮助耐克完成O2O营销，而且是线上线下同步的营销。

据资料显示，当用户的跑步状态更新到"Nike+"的账户时，朋友可以评论并点击一个"鼓掌"按钮，这样在跑步的时候便能够在音乐中听到朋友们的鼓掌声。而且用户也开始自己在"Nike+"中寻找乐趣，比如有的用户特意利用GPS功能，在地图上跑出特别的图形进行分享……

这就形成了一种极强烈的O2O营销且一点不造作，不管用户身上是否有耐克的产品，但对"Nike+"的印象却根深蒂固。其结果也最终形成口碑，并反映到耐克的实际销售中。

而这些"Nike+"的数据对于耐克而言，也绝不仅仅是趣味和分享，它依然可以转换成更多的推广和销售。比如根据众多用户的跑步地图来设定自己的新门店或临时促销活动点，实现大数据下的精准营销。据称，当 2010 年 "Nike+" 开始植入定位功能时，耐克公司跑步产品收入已达到 28 亿美元，而耐克享有盛名的篮球产品则是 21 亿美元。

在以 "Nike+" 为主导的 O2O 营销中可以看到一个近乎放任自流的推广方式，没有太过强烈的操盘特色，一切依托用户的自身体验和自主分享。而在线下和线上的结合点，则是一款并不复杂的 App。

这种模式并非不可实现，甚至在国内已经有商家用极低的技术成本实现了类似的推广尝试。较常见的，如一些餐厅通过提供免费 WIFI 服务暗示顾客分享食物的美味体验，或店铺微信号到社交网络之上即可打折等方式，进行初级阶段的 O2O 营销。甚至于早前一度红火的 "雕爷牛腩"，依靠自身资源拉来诸多名人体验和分享美味，并引发粉丝在线上线下的围观，打造出轰动一时的所谓的互联网牛腩，皆在此列。

由此观之，O2O 营销其实并非一种时髦如大数据、饥饿营销这样的全新营销方式。它不过是线上和线下进行复合式营销，以求得 "1+1>2" 的推广效果，并实现品牌实体化、营销实效化的一种手段。只是世人或谓之难，而不轻易尝试；或谓之易，浅尝辄止。

看完以上讲解，你现在明白口碑雪崩的全部了吗？现在让我们去触发新一轮的口碑雪崩吧。

【思考一下】如果你是一个淘宝上的小店主，也许在其他电商平台上也开了店铺。你主要销售一些新颖奇特但品类繁杂的电子产品，比如荧光留言板闹钟、天气显示瓶、触控手环之类，你的店铺现在还没什么人气，你会如何运用社交平台来进行口碑营销呢？这可能需要先做一个季度的推广运作方案。

第10章

淘宝SEO的一些小技巧

做任何事情都可以熟能生巧，虽然做淘宝 SEO 有一些小技巧，但并不是捷径，只是可以帮我们做得更好。

本章主要了解
- 网店的装修
- 网店的售后
- 网店的推广

| 10.1 | 宝贝标题的正确设置方法

淘宝店铺上，每个宝贝可以做两个关键词。对于宝贝标题，通常有这样一个公式，请牢牢记住：宝贝关键词1+宝贝关键词2+促销优惠+其他。现在举个例子：曾经有个学员的淘宝店，几乎每个宝贝的描述都是这样的："白雪映象 滋养精华霜 保湿霜 补水霜 高效保湿霜"，"白雪映象"是品牌，品牌放在最前面，加强客户对品牌的认知度。接下来是"滋养精华霜 保湿霜 补水霜 高效保湿霜"四个关键词。

对照公式：宝贝关键词1+宝贝关键词2+促销优惠+其他。其中重要是"促销优惠"，来淘宝上购物的人图的不就是便宜吗？哪里有促销、打折、优惠，客户就会被吸引。很多客户会搜索"打折""优惠""包邮"这样的关键词。所以标题上有"促销优惠"方面的词语极其重要。同样的产品和价格，如果加上"打折""优惠""包邮"这样的关键词，产品信息就更加容易被客户搜索到。

客户购买的其实不是产品，而是产品所带来的好处和功效。所以标题加上"优惠促销"后，还要给这个产品加上好处和功效方面的词语。这样，宝贝的描述就比较完整了。这样的描述考虑到不同客户的不同搜索习惯，从而宝贝关键词更容易被客户搜索到。

做宝贝标题一定要按照上面介绍的公式来。"白雪映象 滋养精华霜 保湿霜 补水霜 高效保湿霜"这个标题描述，应该怎么修改呢？"白雪映象"是品牌，可以放在最前面，接下来再加上两个关键词即可，比如"滋养精华霜 保湿霜"。因为标题字数有限制，要把重点放在后面的促销打折以及功效说明上。完整的标题描述可以是："[白雪映象] 滋养精华霜 保湿霜 让你的皮肤光滑水嫩 买二送一大优惠"。如此这般，搜索蜘蛛会认为你的标题描述很人性化，排名会相对靠前。

在此补充一点，对于品牌，可以加上"[ ]"括起来，比如"[白雪映象]"，"[ ]"可以区分品牌和后面的描述，但不要用"【白雪映象 】"。经常逛淘宝，会发现很多宝贝描述里充满"★""◢◣ ┣┫""＝"等符号。如果你的店铺有这样的符号，请立即删除。因为搜索蜘蛛像人一样喜欢走平坦的道路，这些乱七八糟的符号像绊脚石一般阻碍搜索蜘蛛的行走和抓取。所以，应该正确使用的符号是："/""|""+""空格"等等。比如"[ ]"是细体符号，"【 】"是粗体符号，品牌名称最好用"[ ]"，而不要用"【 】"。

一定要牢牢记住公式：宝贝关键词 1+ 宝贝关键词 2+ 促销优惠 + 其他。按照这个公式来对宝贝进行关键词描述，重点注重描写促销和产品功效。

| 10.2 | 决定关键词排名的其他因素

决定淘宝店铺上关键词排名的因素很多，都是每个做淘宝的人应该知道的，在此向大家简单介绍一些因素。

1. 加入消保

淘宝消保，全称消费者保障服务。它是指经用户申请，由淘宝在确认接受其申请后，针对其通过淘宝网这一电子商务平台同其他淘宝用户达成交易并经支付宝服务出售的商品，根据本协议及淘宝网其他公示规则的规定，用户按其选择参加的消费者保障服务项目，向买家提供相应的售后服务。

消费者保障服务是淘宝网推出的旨在保障网络交易中消费者合法权益的服务体系。"商品如实描述"为加入消费者保障服务的必选项。"7天无理由退换货""假一赔三""虚拟物品闪电发货"等都是其中的服务之一，由卖家自行选择加入。加入消保的程序如图10.1所示。

图10.1　加入消保的程序

注意：在申请加入之前请先确认自己是否符合加入消费者保障服务的条件，如果符合申请要求，您可以点击"申请加入"按钮提交申请。看到"提交保证金"这样的提示：点击"提交保证金"，您可以在支付宝登录密码输入框中输入密码，并点击"提交保证金"，此时，您支付宝上的这部分资金将被冻结，作为"消费者保障服务"的保证金。加入消费者保障的店铺需要1000元保证金，但关键词排名优先考虑。如果不加入消费者保障，连直通车都做不了。

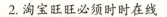

2. 淘宝旺旺必须时时在线

淘宝站内搜索结果会排斥旺旺不在线的卖家宝贝，所以请确保你的淘宝旺旺长时间在线。

3. 宝贝销量记录量、收藏量、浏览量

以上几点都直接影响搜索结果中的宝贝排名。首先是销量记录量，这个没办法由卖家决定，暂且不提。其次是收藏量，可以加入一些淘宝卖家群，相互收藏宝贝链接。随着收藏量提升，浏览量也可以提升。

4. 店铺信誉

店铺信誉对于每个卖家都很重要，小卖家很难有良好的店铺信誉，大卖家通常在这方面做得很好。在淘宝网上，皇冠是淘宝网店信誉等级。淘宝会员在淘宝网每使用支付宝成功交易一次，就可以对交易对象做一次信用评价。评价分为"好评""中评""差评"三类，每种评价对应一个信用积分，具体为："好评"加一分，"中评"不加分，"差评"扣一分。卖家交易超过10 000笔，被称为皇冠卖家，这种卖家的店铺被称为皇冠店铺。卖家好评超过500 001笔，卖家的店铺被称为金冠店铺。淘宝金冠店铺是顾客购物最好的选择。

5. 橱窗推荐

淘宝橱窗就好比掌柜们实体店中的橱窗，可以摆放一些商品用来吸引顾客进自己的店，可是又不可能摆下店里所有的商品。橱窗推荐位是帮助卖家成交的重要工具。橱窗推荐宝贝会集中在宝贝列表页面的橱窗推荐中显示，每个卖家可以根据信用级别与销售情况获得不同数量的橱窗推荐位。当买家想要买东西时，直接到淘宝网首页去搜索或在淘宝网上点"我要买"，就会出现橱窗推荐位所推荐的宝贝（因为默认出来的只有橱窗推荐的商品），这样也就能让您的宝贝有更多的被人浏览的机会和点击率。

6. 类目的填写

店铺类目主要是指网上电子商务平台为适应当今时代的消费人群在网上商店有针对性地选购各种各样的商品而对商品做出的归类。每个宝贝的类目属性都要按照要求填写完整，不能有空格。因为正确完整地填写类目属性会让你的关键词获得更多的自然搜索流量。

┃10.3┃ 如何运用直通车

接下来向大家讲讲如何运用直通车。淘宝直通车是一种全新的搜索竞价模式。它的竞价结果可以在淘宝网（以全新的图片 + 文字的形式显示）上充分展示。每件商品可以设置 200 个关键字，卖家可以针对每个竞价词自由定价，并且可以看到在淘宝网上的排名位置，排名位置可用淘大搜查询，并按实际被点击次数付费（每个关键词最低出价 0.05 元，最高出价是 99 元，每次加价最低为 0.01 元）。直通车是为淘宝卖家量身定制的按点击付费的效果营销工具，实现宝贝的精准推广，相当于百度的竞价排名。

淘宝直通车推广在给宝贝带来曝光量的同时，精准的搜索匹配也给宝贝带来了精准的潜在买家。淘宝直通车推广，用一个点击即可让买家进入你的店铺，产生一次甚至多次的店铺内跳转流量，这种以点带面的关联效应可以降低整体推广的成本和提高整个店铺的关联营销效果。同时，淘宝直通车还给用户提供了淘宝首页热卖单品活动和各个频道的热卖单品活动，以及不定期的淘宝各类资源整合的直通车用户专享活动。

大家可以适当做做直通车。开淘宝如果不用直通车的话，现在是很难做大的。这节讲直通车的目的，是希望可以减少做直通车的成本，同时提高成交率。越是热门的、核心的关键词，价格就越高。很多店主一味追求热门核心关键词，这样烧钱太厉害。所以，要学会做精确的长尾关键词，长尾关键词价格不仅低，而且符合客户精准的购买心理，更容易被客户搜索到。很多客户会根据自己的需求搜索关键词，比如，韩版连衣裙，很多顾客会搜索："韩版连衣裙 夏季新款"等长尾关键词，在核心关键词后加上自己的需求词语。

总之，很多客户会根据需求来搜索，这种迎合顾客需求的长尾关键词更受青睐，用这样的词做直通车，花钱少，收效好。一般的卖家刚开始做直通车的时候，控制每天的广告费在 30 元以内即可。

| 10.4 | 网店装修

网店的店铺装修与实体店的装修相似，都是让店铺变得更美，更吸引人。对于网店来讲，一个好的店铺设计更为至关重要，因为客户只能从网上的文字和图片来了解网店及其产品，所以，网店装修得好能增加用户的信任感，甚至还能树立自己的店铺品牌形象。"普通店铺"结构很固定，只能做一点小装饰，功能性不强。而"旺铺"自由度非常大，功能也很强，关键就看你自己的创意和技术了。关于网店装修，如果自己会做平面设计而且会编网页程序的话，自己来设计；或者为了让店铺更专业漂亮，请专业人员来设计。有的加入声音装修，经魅力造音录制自己的有声店铺宣传等。一般店铺装修是最让掌柜们头疼的事情，是不是专业店铺，看装修就能分辨。

建议大家在淘宝上找专业的网店装修服务商好好装修你的店铺。找专业设计者设计动态头像、论坛动态签名图、宝贝分类、公告栏目、店铺招牌等，加强店铺宣传。因为专业的设计店铺能够恰当地展现网店宝贝，能给买家留下好印象，起到宣传作用。在淘宝上搜索"淘宝店装修"，可以找到很多装修服务商。

在网上卖商品，图片很重要，既要清晰美观，也要多角度反映商品的特性。由于一般卖家只有家用型的入门级照相机，灯光设备等一般碍于价格高昂而不配备。在这种条件下，为了保持图片清楚，颜色跟实物接近，尽量利用下午2点至4点的自然光拍摄。图片大小、商品摆放角度一致，使得商品页面看上去整齐舒服。在限定的80k内，尽量把图做大，让买家能看到细节。

|10.5| 增加宝贝数量

宝贝是一个店铺的灵魂，没有宝贝的店铺什么都不是。一定的宝贝数量积累是店铺风生水起、不断壮大的必备条件。每个宝贝被买家看到的概率是一样的，增加宝贝数量，尽量多上新货，才能增加浏览量吸引顾客。来的人多，销量自然会增大，但是一定要分好类目，否则就成了杂货铺，影响店铺形象，也不利于买家查看。不断有新货才能留住老顾客，给老顾客新鲜感。

这里就涉及前面说的长尾关键词。要多做长尾关键词，尽量把百度关键词工具和直通车关键词工具里的长尾关键词都搜集起来，然后做到淘宝上去。你要记住一点：淘宝上的长尾关键词，也就是宝贝标题，千万不要重复，否则淘宝会判定你为重复铺货，重复铺货是违规的。

| 10.6 | 细节的完善

有一些容易被忽略的细节往往是决定网店成败的关键。注重完善网店细节，才能拥有更加人性化、更受顾客喜爱的网店。在此列出以下几处细节供大家参考。

（1）提供多个在线联系方式，让顾客用他最方便的方式与你联系，如旺旺、QQ等。在线动态连接都显示在每个商品说明上，让人容易找到联系方式。同时要说明在线客服的时间，让你的顾客容易找到你。

（2）商品的图片加上边框、店名水印等，时刻为网店做宣传。

（3）商品的描述简洁、易懂。在商品介绍中写上邮寄方式、邮资明细、退换货的说明等，让顾客一目了然，感受到你的细心体贴。

（4）多动手写些购物指南，这样买家在学习购物指南的同时能了解你和你的店铺，在你帮助别人的同时也宣传了自己的店铺。

（5）定期在特价区设置几款物美价廉的宝贝，亏一点却能够拉动浏览量。

（6）提前一周在店铺公告栏内、签名档及店铺留言等可以进行宣传的地方通知买家，主要是为了吸引顾客到店铺来。配合活动要换上新的签名档，还要去论坛给周围的朋友发布这个"好消息"。充分利用每一个资源来宣传店铺。

| 10.7 | 售后服务

售后服务，就是在商品出售以后所提供的各种服务活动。售后服务是售后最重要的环节，它已经成为企业保持或扩大市场份额的要件，如舒达、天猫、京东等。售后服务的优劣能影响消费者的满意程度。在购买时，商品的保修、售后服务等有关规定可使顾客摆脱疑虑和摇摆的形态，下定决心购买商品。优质的售后服务可以看作是品牌经济的产物，在市场激烈竞争的今天，随着消费者维权意识的提高和消费观念的变化，消费者们不再只关注产品本身，在同类产品的质量与性能都相似的情况下，他们更愿意选择这些拥有优质售后服务的店铺。

客观地讲，优质的售后服务是品牌经济的产物，名牌产品的售后服务往往优于杂牌产品。名牌产品的价格普遍高于杂牌，一方面是基于产品成本和质量，同时也因为名牌产品的销售策略中已经考虑到了售后服务成本。网店应该在哪些方面加强售后服务呢？

（1）旺旺 24 小时在线，本着诚信经营的原则，力求做到满意服务。对自己的宝贝要熟悉，有人咨询的时候，要立刻能解答顾客疑问。客服不在时，要设置好体贴的自动回复。

（2）包装邮寄需注意细节。回头客是很大的市场，在寄出的商品中加放一张宣传卡片：介绍自己的店铺和宝贝，留下 ID 和店铺链接，以便买家再买时记得你的店铺，提高客户忠实度。

（3）给淘宝客户发送节日祝福，时刻提醒顾客，让他们记得你的店铺。

（4）赠送小礼品。可以事前不让买家知道，但当他收到你寄出的货品和小礼物时一定会很开心，礼物不在于贵重与否，这是一份心意。不论买家以后还会不会继续在你的店铺购物，把他当做朋友真心面对、体贴到位，一定会有好的回报。巧用赠品，这是快速冲心的办法，比如有的卖家，要销售的商品定价为 38 元，他把 3 ~ 5 元左右的低价商品作为赠品，鼓励买家拍下赠品，并从正常购买的 38 元中扣去赠品的价格。这使得买家在花费 38 元的情况下，获得两个宝贝：一个本就要买的宝贝 + 一个赠品。将这种方法使用在促销中，从心理上使买家得到满足，卖家最大的好处是使赠品也形成了一次交易，多了一个好评，信用增加双份。

（5）给买家的评价也是宣传展示自己宝贝的机会。给买家评价时不要简单写"好买家，合作愉快"，因为买家购买前都要查看卖家信用评价的，如果有人查到你的宝贝也不会对你留下什么印象，可以这样来写："合作愉快，又有一批优质户外运动装

备上架了，有空来看看！"在给买家评价的解释里也可这样写：
"可以到我店里看看样式。"

|10.8| 如何做分销、代销

代销的全称是网店代销，又名网店代理。网店代销基本上分虚拟物品代销和实物代销两种。代销是指某些提供网上批发服务的网站或者能提供批发货源的销售商与想做网店代销的人达成协议，并为其提供商品图片等数据，而不是实物，并以代销价格提供给网店代销人销售。一般来说，网店代销人将批发网站所提供的商品图片等数据放在自己的网店上进行销售，销售出商品后通知批发网站为其代发货。销售商品只从批发网站发出到网店代销人的买家处，网店代销人在该过程中看不见所售商品。网店代销的售后服务也由批发网站行使。

网店代销可以免费为网店提供货源，方便一些想开店但没有资金的初级卖家，这是它的最大好处。但越来越多的代销网站只注重销量，不怎么注重管理渠道，导致代销容易造成各个代销客户之间恶意竞争，影响正规卖家的利润，同时容易对产品品牌造成不利影响。当前在代销的基础上，国内已经有一些网站开始发展分销渠道，分销作为销售渠道的重要一环，它有别于代销，将对整个销售渠道及过程进行严格控制和管理。

招收传统销售代理，推进网站购物进程。很多人都有创业意识，可以在网上招收代理商或代销商。如果你招了100个代销商，那你的生意一定会非常好。

| 10.9 | 如何使用淘宝客

淘宝客的推广是一种按成交计费的推广模式，淘宝客只要从淘宝客推广专区获取商品代码，任何买家（包括您自己）经过您的推广（链接、个人网站，博客或者社区发的帖子）进入淘宝卖家店铺完成购买后，就可得到由卖家支付的佣金。简单说来，淘宝客就是指帮助卖家推广商品并获取佣金的人，这个购买必须是有效购物，即指确认收货。

使用淘宝客，让淘宝客们为你推广，这需要"二星"才可以做。

在淘宝后台左边菜单的最下面，有"淘宝客"的操作按钮，点击进去，然后按照要求操作即可。非常简单。

淘宝客可以在淘宝客推广专区复制单件商品的代码（即推广链接）后粘贴到自己想要推广的地方，如博客，论坛，个人网站等地方。推广单件的步骤如图 10.2 所示。

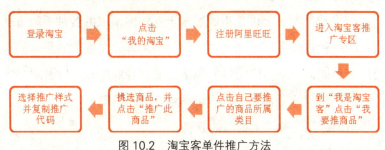

图 10.2　淘宝客单件推广方法

淘宝客在选择推广商品的时候，可以通过设置佣金范围、累计推广数量、佣金比率范围，快速筛选商品。另外，还可以对单价、佣金比率、佣金、总支出佣金、累计推广量进行排序。推广

代码有 URL、文字链和图文三种模式，新手推荐使用简单的 URL 模式或者文字链模式。

如果希望一次性推广整个类目的商品，可以选择要推广的类目，进入后点击右上角"推广此类商品"，再进入推广代码样式选择页，选择一种适合自己的代码样式进行推广即可。同理，淘宝客还可选择推广某个卖家的整个店铺，淘宝客推广后，买家将从淘宝客的推广链接直接进入淘宝卖家的店铺。

| 10.10 | 网上推广方法

网络推广是以产品为核心内容建立网站，再把这个网站通过各种免费或收费渠道展示给网民的一种推广方式。常见的推广方式就是整体推广、百度推广、谷歌推广、搜狗推广、搜搜推广等，免费网站推广就是发帖子、交换链接、B2B 平台建站、博客以及微博、微信等新媒体渠道。

网络推广狭义上讲是指通过基于互联网采取的各种手段方式进行的一种宣传推广活动，以达到提高品牌知名度的效果。同传统广告相同，网络推广的目的都是增加自身的曝光度以及对品牌的维护。广义上的网络推广也可理解为网络营销。

下面介绍几种网上推广的方法。

（1）加入十几个帮派，多参加帮派活动，以便展示自己的宝贝。

（2）参与社区活动，这是个长期的宣传过程，可能一时见不到明显的效果，但贵在坚持。比如下面两类活动很重要：

①时刻注意淘宝在首页搞的活动，有合适的就要参加，这些

活动宣传力度很大，适当调节商品关键词和店铺关键词能有效提高浏览量。

②节日前事先准备好做节日活动的货品，争取做到每个活动都不放过。记得做活动的时候，自己的店铺名称、签名都要做相应地修改。

（3）在相关 QQ 群、淘宝群、论坛上发放促销信息、新品信息等。

①加入 QQ 群、淘宝群是个很好地提高浏览量的方法。群里的人多是淘宝的卖家买家，在群里大家可以聊天，相互讨论买卖问题，也可以找到目标买家。

②经常到论坛发帖、回帖，比如到淘宝论坛（大本营的旺旺提问和经验畅谈居的买家经验）发布一些有意义的原创帖子或者与商品相关的专业性帖子，并争取成为精华帖，吸引论坛成员来灌水，从而达到宣传的目的。但注意别让做广告的这个目的太明显，因为这样会引起论坛网友的反感。要以软文推广为主，也可以认真回复淘友的帖子，回帖最好是沙发，第一页宣传效果都很好，也能增加店铺浏览量。

（4）发起团购，快速提高销量。让只想买一个宝贝的买家最后跟他的朋友们一起买你的宝贝并拿到批发价格。团购价格便宜，多个邮费算一个邮费，折算起来会让买家心动不已。

| 10.11 | 博客推广方法

博客推广是利用博客这种网络应用形式开展网络营销的工具。它是公司、企业或者个人利用博客这种网络交互性平台，发布并更新企业、公司或个人的相关概况及信息，并且密切关注并及时回复平台上客户对于企业或个人的相关疑问以及咨询，并通过较强的博客平台帮助企业或公司零成本获得搜索引擎的较前排位，以达到宣传目的的营销手段。这节给大家介绍博客的内容建设。很多人不知道在博客上应该写些什么内容，其实很简单。大家可以不断地写一些故事类文章，当客户进入你的网站、旺铺的时候，面对的仅仅是你的产品，是不带感情色彩的"死物"，而当客户进入你的博客时，面对的是你的人和你的内心。你希望让客户接触什么？自然是与你交心，成为你的忠实顾客。你的博客里有故事，每个人都喜欢听故事，故事可以展现人的喜怒哀乐。只要故事能打动别人，你的产品就会具有灵性，不再是冷冰冰不带感情的死物。一个产品当附上故事的时候，马上就鲜活起来了，客户愿意来买你的"故事"。记住：客户很多的时候并不是买你的产品，而是来买你的故事。那么要写一些什么样的故事呢？

1. 创业故事

你自己的创业故事，各位若是企业老总，都有自己的创业故事。你一定要把自己的创业故事详细写出来。比如，我开通博客写的第一篇文章，就是自己的创业故事《一个穷苦大学毕业生的艰辛创业路》（网址：http://blog.china.alibaba.com/article/i4750275.html），如图10.3所示。

2. 工作故事

你在工作中与你的客户发生的来往故事，是不是有很多素材？每天都要面对客户，有没有记录与客户的谈话？比如：打开网址"http://blog.china.alibaba.com/blog/fengse58/article/ b0-i14961406.

html"，如图 10.4 所示，像这样把与客户的 QQ 聊天记录直接复制整理，即为一篇好文章，大家有没有想过这样写文章？这样的文章会非常受欢迎，因为这是真实故事。完全可以把与客户对话的记录直接复制粘贴写出来。掌握这个思路，写文章是很简单的。

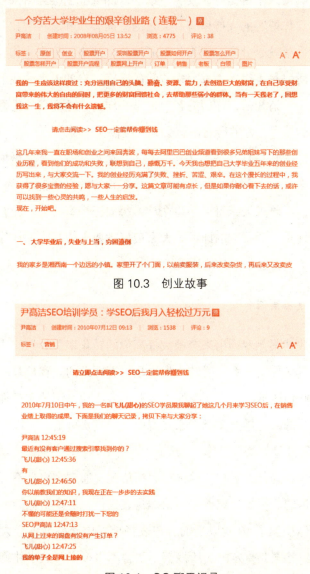

图 10.3　创业故事

图 10.4　QQ 聊天记录

3. 营销技巧的分享

大家一定要有一颗分享的心，也就是说，在工作中总结出来的营销经验一定要及时地写出来分享给大家。如果大家觉得你的经验对其他人来说是有启发和帮助的，那么他们会经常来看你的博客。看你博客的人群里有着大量的意向客户和潜在客户。博客的精神内核就是分享。因为我不断地分享故事，分享工作经验和技巧，所以每天很多人都会来看我的博客。看的人多，我的客户就增加了。请相信，你们的客户也是一样的，他们只要愿意经常来看你的博客，你的转化率就会大大提高。

有的人觉得自己没有文采，不知怎么写文章。其实做博客不需要太多文采，并非写文学作品，朴素真实的文章就足够。做博客营销，不要求大家每天都写文章，每周至少写一篇，让客户需要看到你是"活着"的即可。大家最好不要天天写，这样你可能坚持不下去，过一个月估计就厌烦了。

4. 成功案例

把成功案例罗列出来会极大提高你的转化率。如果能让客户写几篇赞扬你的文章，对转化来说是很有帮助的。客户夸一句比自夸100句还抵用，比如我的博客上很多成功案例的文章都是客户自己写的，这样的文章大家看着就觉得真实可信。所以，争取请客户写几篇好文章给你。

可是，为什么客户要给你写表扬信呢？通常客户是不可能有这种意识的。你如果想要客户给你写表扬信，需要给他们一点好处。当你积累了10封以上的客户表扬信，成交率会不会大幅度提高呢？答案是肯定的。所以，不要舍不得投资一点小礼物。这种"贿赂"工作很重要，大家一定要去做。

接下来讲解博客里面的内部链接。内部链接的好处是什么？是给用户更好的体验。人一般情况下都喜欢省时省力的事，比起将网址复制粘贴到电脑的浏览器上，大多人更愿意动动鼠标，直接点击进入网页。这就涉及内部链接的优势，它可以让懒惰的用户直接点击进入想去的页面，给用户节省不少工夫。

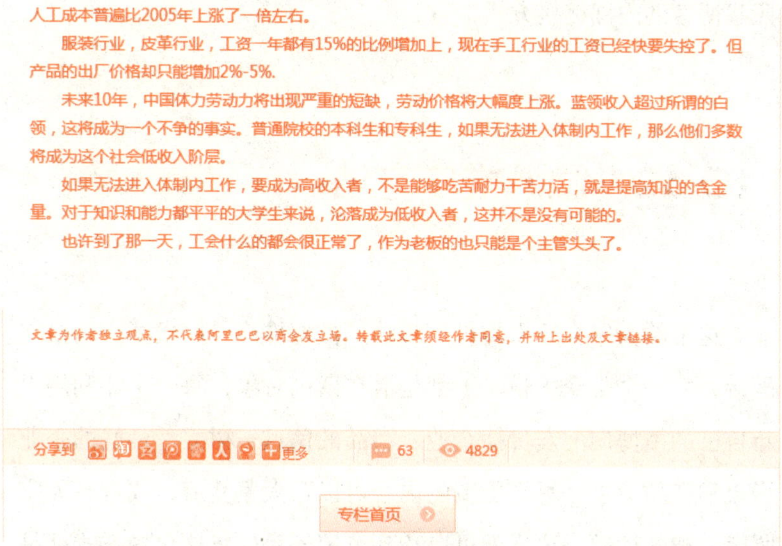

人工成本普遍比2005年上涨了一倍左右。

服装行业，皮革行业，工资一年都有15%的比例增加上，现在手工行业的工资已经快要失控了。但产品的出厂价格却只能增加2%-5%。

未来10年，中国体力劳动力将出现严重的短缺，劳动价格将大幅度上涨。蓝领收入超过所谓的白领，这将成为一个不争的事实。普通院校的本科生和专科生，如果无法进入体制内工作，那么他们多数将成为这个社会低收入阶层。

如果无法进入体制内工作，要成为高收入者，不是能够吃苦耐力干苦力活，就是提高知识的含金量。对于知识和能力都平平的大学生来说，沦落成为低收入者，这并不是没有可能的。

也许到了那一天，工会什么的都会很正常了，作为老板的也只能是个主管头头了。

文章为作者独立观点，不代表阿里巴巴以商会友立场。转载此文章须经作者同意，并附上出处及文章链接。

专栏首页 ◎

图 10.5　没有链接的网页

我的每篇文章都做了好几个内部链接，引导用户点击。该怎么引导呢？比如在每篇文章底部重复强调"更多精彩文章，立即点击阅读 >>"，反复引导用户立即动手点击。一定要多方引导用户动手点击，如果不反复引导强调，用户可能意识不到。扪心自问，当我命令你的时候，你的心理是不是会产生微妙的变化，促使你情不自禁地点击某个链接？这是一种心理暗示。注意：要强调"立即点击阅读 >>"，不能让客户犹豫，要让他立即去做。因为客户在2秒钟之内没有意识到，可能就离开了。客户一旦离开，你就没戏了，好不容易引来一个潜在客户，这样白白失去，多可惜！比如打开某人的博客（网址：http://blog.china.alibaba.com/blog/gzbagu/article/b0-i27589787.html），看完这篇文章后，因为文章后面没有引导你看下一篇文章的链接，即没有"立即点击阅读>>"，如图10.5所示。你会意识到去看其他的文章吗？这是一个不容忽视的细节，而每个细节都要做到位。大家从此以后可以仿照我博客的内部链接方式学习。

| 10.12 | 微博推广方法

这节给大家介绍微博推广方法。微博推广是以微博作为推广平台，每一个听众（粉丝）都是潜在营销对象，每个企业利用更新自己的微博向网友传播企业、产品的信息，树立着良好的企业形象和产品形象。每天更新的内容可以跟大家交流，或者有大家所感兴趣的话题，这样就可以达到营销的目的，这样的方式就是新兴推出的微博营销。先讲讲新浪微博，还没有注册新浪微博的朋友，请花点时间注册：www.weibo.com。新浪微博如何来增加自己的粉丝呢？

首先，一个新的微博开通后，要先去加别人的"关注"，也就是成为别人的粉丝。

粉丝的质量比数量更重要。所以，要先成为自己客户的粉丝。比如，你的工厂是生产不锈钢产品的，那么，你的客户群体可能是开不锈钢实体店的小商家。你在微博搜索引擎里输入"不锈钢"，会发现有很多的客户或者同行都提到"不锈钢"，逐个去加他们的关注，成为他们的粉丝。因为无法分清对方是你的客户还是同行，所以全部加过去，不要挑选。比如阿里巴巴上一个卖紫砂壶的人，他就是通过这种方式把微博上所有提到"紫砂壶"的人都加了关注，成为他们的粉丝。这种方式的好处是：你加了对方，对方也可能会加你。不用多久，你就会拥有一批高质量的粉丝。

粉丝的质量很重要，你要随时考虑到：你的客户群是些什么人？他们可能会在微博里提到什么样的关键词？你可以输入这类关键词去找客户或同行，成为他们的粉丝。先成为你的客户或同行的粉丝，对方可能再反过来加你，这个方法可以迅速增加自己的粉丝。

其次，如何写作有质量的微博内容。

写微博比写博客容易得多。博客一篇文章要几百上千字，但一篇微博只需几十字，最多不超过140字。短小精悍是微博的特点。那么，在微博上应该写什么内容呢？

第一，写你的日常感悟。平常有任何的感悟，都可以随手在微博上写下来。建议在手机上开通移动微博，平常闲着没事，随时在手机上写写微博。

第二，写故事，这个素材很多。比如以下几类素材：

（1）企业成长中的创业故事、经验教训、获得的荣誉等；

（2）展示工厂、品牌人性化，晒车间、设备、流程、环境，一点一滴；

（3）产品故事、研发、制作、生产；

（4）团队故事、工作、旅游、年会、聚会、晨会、培训、生日、员工搞笑故事；

（5）重点客户故事；

（6）引导客户讲出故事的来龙去脉；

（7）有哪些重点客户，他们为什么重要，列出关键点；

（8）合作伙伴故事、供应商故事；

（9）公司对外参加的各种活动、演讲、培训、会议、互动、参观、评选；

（10）媒体专家采访报道；

（11）多写你自己的故事。

为什么要多写故事？因为故事最容易形成口碑传播和品牌传播。写多了就会发现，微博上被转载频率最高的往往是不同的故事。

对于微博，笔者认为应该由你自己来写。中小或小微企业的老板，不可能特意找个员工专门做微博。如果有这样的实力，也可以专门请人经营企业微博，但如果没有这方面的预算和安排，那就自己来写。微博的写作与博客一样，需要长期坚持。当你熟悉微博的写作，该如何把微博推广出去呢？在此分享几种有效的方法。

（1）@对方。比如，你写了一条微博，在微博里同时@SEO。微博上有很多名人，大家要学会借助名人效应。你可以把自己写的微博@某位名人，如果你的微博很有质量，那位名人可能会转发你的微博。名人一旦转发你的微博，你的粉丝马上会增加很多。不妨去试试这个方法。

（2）把微博地址四处撒网。这是什么意思呢？就是在你经常活动的网页留下自己的微博地址。比如，将微博地址放在你博客里的每篇文章底部，放在你QQ空间里的每篇文章底部，放在阿里论坛里每篇帖子底部，印制在你的名片上面（建议把博客地址也印制在名片上）。总之，凡是你能想到的地方都可以留下微博地址。

接下来给大家讲讲腾讯微博。腾讯微博与QQ空间是打通的，平常在QQ空间里发布一条“说说”，它会自动显示到腾讯微博里。腾讯微博不用刻意去推广，它的粉丝比新浪微博更加容易自动增长。

如何在微博上做促销？很多企业都会适当地举行促销活动，在微博上做促销之前，要跟博客结合起来，也就是同时要在博客上做促销。那么，如何在博客上做促销呢？

有个朋友，博客名称叫“安之梦”，现在阿里博客流量有500多万。她是做服装尾货的，很善于在博客上做促销。比如一篇她做促销的文章（网址：http://blog.china.alibaba.com/article/i30724507.html），如图10.6所示，这篇促销文章其实很生硬，没什么稀奇。但是由于她的博客流量很高，老客户很多，所以仍然很有效果。

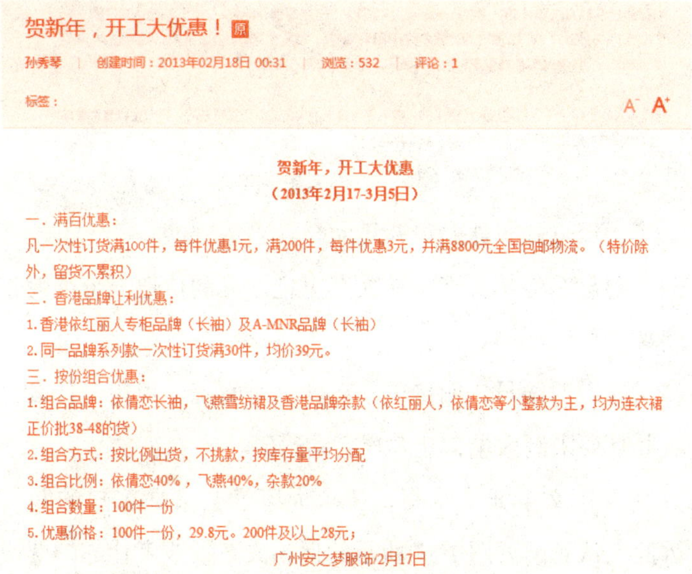

贺新年，开工大优惠！原

孙秀琴 | 创建时间：2013年02月18日 00:31 | 浏览：532 | 评论：1

标签：

A⁻ A⁺

贺新年，开工大优惠

（2013年2月17-3月5日）

一．满百优惠：

凡一次性订货满100件，每件优惠1元，满200件，每件优惠3元，并满8800元全国包邮物流。（特价除外，留货不累积）

二．香港品牌让利优惠：

1.香港依红丽人专柜品牌（长袖）及A-MNR品牌（长袖）

2.同一品牌系列款一次性订货满30件，均价39元。

三．按份组合优惠：

1.组合品牌：依倩恋长袖，飞燕雪纺裙及香港品牌杂款（依红丽人，依倩恋等小整款为主，均为连衣裙正价批38-48的货）

2.组合方式：按比例出货，不挑款，按库存量平均分配

3.组合比例：依倩恋40%，飞燕40%，杂款20%

4.组合数量：100件一份

5.优惠价格：100件一份，29.8元。200件及以上28元；

广州安之梦服饰/2月17日

图10.6　促销文章

如果你的博客流量不高，如何来做促销呢？这时，你需要精

心写一篇促销的文章。

现在来看我是怎么促销一款产品的。大家打开"http://blog.china.alibaba.com/article/i24992066.html",如图10.7所示,仔细看一遍,领略其中的奥妙。这样的促销效果,是相当好的。一天之内可以把所有的产品全都销售光。

尹高洁:关于"网络营销转化率法则"的开课通知yc 原

尹高洁 | 创建时间:2011年06月16日 09:11 | 浏览:1883 | 评论:33

标签: 贸易   A⁻ A⁺

你知道吗?你网站上90%的流量都白白流失掉了!

你必须立即把流失的流量找回来,把它们转化成订单!

这两年多来,我一直在讲解SEO。毫不夸张地说,SEO是目前效果最好的网络营销方法。它带来的是最精准的客户流量,带来的是有效的客户询盘。

另外,在我的博客上,我还为你介绍过博客营销、论坛营销、病毒式营销、QQ群营销等等多种营销方法和技巧。这些方法,都可以给你带去大量的流量。

当你通过各种方法和技巧,把客户流量带进你的网站(包括旺铺、网店)之后,我想给你提供一个让你震惊的、恐怖的、你以前或许根本就没有意识到的数据:如果有**100个流量**进入你的网站(包括旺铺、网店),其中**90%的流量**都白白流失掉了,而你偏偏还不知道。

这些流量都是你辛辛苦苦通过宣传得来的,或者是你投入了大量的广告费得来的。每一个流量都是你的心血和成本。结果90%都流失了,想想都心疼吧?

图 10.7　好的促销文章

关于促销方式,你要掌握几个要点:

(1)要会写促销文案,在文案里把产品的价值充分说明,足以打动客户。

(2)要限时限量,明确表示在什么时间统一促销、什么时间截止,并且要限制数量,让客户有紧迫感。

这种促销文案非常难写,要求大家学会掌握客户的购买心理。因此,认真阅读图10.7所示的促销文案,或者让你的网络推广人员或主管来认真阅读,好好体会其中的奥妙。

在博客上写好促销文案之后,紧接着就到微博上来做促销,在微博上做促销主要是形成一种转发模式。举个例子，大家打开网 页 "http://weibo.com/1294419897/zw4WD6TNm"， 如 图 10.8 所示，你可以把博客上的促销信息发到微博上，最重要的一点就是：一定要实行有奖转发。这样很多网友才有动力帮你转发，这招是很灵验的，大家可以尝试一下。

图 10.8　微博促销